해외한국학교

초등교사가 만나는

중국 역사 문화 이야기

김 현 진

교육과학사

목차

▎인천사회과교육연구학회 회장 곽재희(인천하늘초등학교 교장)

"선배님, 저 중국 대련으로 떠나요, 재외한국학교 교사로 초빙되어 가게 되었어요. 잘 지내고 올게요, 건강하세요." 떠난다는 말에 잠시 여러 가지 생각이 들었다. 승진을 향해 달려오던 길을 뒤로하고 갑자기 웬 중국? 너무 열심히 살아왔으니 인생에서 잠시 쉬어가는 페이지도 만들어보고 싶고, 힐링의 시간도 필요했으리라. 그것도 사랑하는 가족과 함께하니 괜찮은 선택이겠구나라는 생각을 했다. 김 선생님은 그간 교육에 대한 열정으로 쉼 없이 연구하고 논의하고 가르치면서 더 훌륭한 교육에 대한 갈망을 가져왔다. 이러한 그가 이국 땅에 가서 책을 낸다 하니 참으로 반가운 소식이 아닐 수 없다.

유럽의 한 젊은이가 한국이, 한국 사람이 부럽다고 했다고 한다. 이유인즉슨 한국이 중국과 이웃나라이기 때문이란다. 13억이 넘는 인구와 세계의 1/5에 달하는 거대한 땅덩어리를 가진 나라 중국! 무시할 수 없는, 아니 따라잡기 어려운, 미국과 어깨를 나란히 하는 G2 국가로 부상한 중국, 세계 최대 기업을 중국이 만들고 있고, 기업순위조사에서 1위를 달리며 경제대국으로서의 면모를 갖춰가고 있다.

한편 21세기에 들어서면서 세계는 기후 환경문제, 종교 분쟁, 무역 분쟁 등 지구촌 사회의 공동의 문제들에 대한 해결 방법으로 세계시민교육에 대한 요구가 더해지고 있다. 세계가 아니더라도 역사와 유불교적 문화와 가치를 공유하는 바로 우리 이웃인 중국에 대한 이해는 그 필요성이 더해진다. 아울러 교육계의 일각에선 세계시민교육에 앞서 아시아 시민교육부터 해야 한다는 목소리도 나오고 있다. 이러한 시점에서 중국에 대한 이해를 돕는 책자의 발간은 시기적절한 일이라 할 수 있겠다.

다른 나라를 가장 잘 이해할 수 있는 것은 무엇보다 직접 살면서 경험한 체험이다. 저자는 가족과 함께 중국 대련에 살면서 중국의 문화를 몸소 체험하고 중국의 각 도시를 여행하면서 겪은 생생한 체험을 기록하였다. 도시는 시간의 흐름과 함께 끊임없이 변화하며 인간의 삶을 이루는 공간이기에 도시를 통해 그 지역의 역사, 그 도시만이 가진 문화, 자연, 산업 등 다양한 지역적 특성과 지역적 특성이 가진 가치를 발견할 수 있다. 또한 그 안에서 살아가는 사람들의 삶에 대한 시각을 가질 수 있고 이해의 바탕이 된다. 더불어 도시의 다양한 경험이 또 다른 차원에서 국가 문제, 나아가 지구촌 문제의 해법일 수 있다.

부디 이 책이 교육을 하는 사람, 받는 사람, 그리고 중국의 도시를 여행하려는 사람, 중국을 알고 싶은 사람 등 많은 사람들에게 읽히기를 소망한다.

"보다 큰 가치를 위해…"라고 나지막이 외친 저자의 목소리가 가치로 빛을 발하기 시작했다는 생각이 든다. 앞으로도 중국을 가르치고 이해하는 데 도움이 되는 주옥같은 글들이 후속편으로 이어지길 고대한다.

▍경인교육대학교 사회과교육과 교수 이동원

'나'의 중국에 대한 이해 양상은 다층적이다. 한국사 속에서 중국은 정치, 문화, 경제적 측면에서 형제이자 친구였고, 멀리 내쳐야 할 적이었다. 또 한편으론 광활한 영토와 그 속의 다양한 민족의 문화를 '중화'라는 자신감으로 승화시킴은 물론 G2로서 세계의 경제, 군사, 외교를 자신들의 논리로 이끌어가는 모습에서는 부러움과 함께 오만함도 느낀다. 이런 다층적인 대상을 편견 없이 이해하기 위해서는 이에 대한 종횡적 검증과 판단 유보의 노력이 필요하다. 이러한 대상에 대한 종횡적 검증은 다양한 시각과 방법을 통해 드러낸 근거 있는 편견을 경험하는 것이다. 여행에서 출발해 현지의 삶 속에서, 초등교육 속에서 중국을 이해하려 노력한 이 책은 우리의 중국에 대한 두텁고 새로운 관점 속에서의 종횡적 검증과 판단 유보에 도움을 줄 수 있다. 그 결과가 애정 어린 '이해'일지, 신중한 '경계의 눈'일지가 기대된다.

❙ 서울특별시교육청 교육연수원 원장 함영기

낯선 곳을 여행하며 타인과 만나 나누는 대화는 그 자체로 훌륭한 교육적 경험이다. 저자는 누구나 한번 가보았지만, 쉽게 설명하기 힘든 이웃 나라 중국의 일상, 역사, 교육 이야기를 본 느낌 그대로 적고 있다. 여행자로서, 교사로서 체험한 중국의 이야기는 생생하고 구체적이다. 모든 문장은 마치 현지 가이드가 여행객에게 친절하게 설명해주는 듯하다. 특히 후반부의 교육으로 바라본 중국의 모습은 우리에게 주는 시사점이 크다. 국제학교에 근무하기를 희망하는 교사들은 물론 최근 중국 상황이 궁금한 독자들에게도 반가운 정보가 될 것이다. 두루 읽히기를 바란다.

이 책을 쓰는 데 내 모든 여행의 경험이 필요했다.

김영하 '여행의 이유 중'

교육대학교를 졸업한 이후 초등학교 교사로 20년을 살아왔다. 우리는 항상 여행 같은 삶을 꿈꾸지만 현실은 그렇지 않다. 우연히도 일상을 여행처럼 지낼 특이한 경험을 할 기회가 다가왔다. 재외한국학교 교사로 있는 친한 선배가 있어 재외한국학교에 대한 이야기를 듣게 되었고 때마침 매년 10월초에 있는 초빙교사 공고를 보면서 내가 만약 근무하게 되었을 때의 여러 상황을 생각해 보았다. 신규교사 때부터 재외한국학교 교사생활에 대해 로망을 가지고 있었지만 막상 갈 생각을 해보니 두렵기도 하고 결정이 쉽지가 않다. 간다면 혼자 가는 것이 아니라 가족과 동반하여 가야 하니 가장으로서 여러 생각들이 갑자기 물밀듯이 밀려왔다. 며칠 동안 여행만 가도 고려해야 할 것들이 많은데 몇 년 동안 살기 위해서 간다면 준비해야 할 것들이 뭐가 있을까? 그런데 그 나라가 또 다시 한번 생각해보게 되는 중국이라면... 안전은 한가? 치안은? 부모님께는 뭐라고 말씀을 드리지? 지금 근무하는 학교에서는 교무부장을 맡고 있는데 갑자기 간다고 하면 교장, 교감 선생님은 뭐라고 하실지... 수년 전 막연히 알아볼 때와 직접 경험하게 될 외국 생활에 대한 기대와는 또 달랐다.

내가 가게 된 재외한국학교는 세계 각국에 체류하는 재외 한국인 자녀들에 대한 교육을 위해 설립하여 운영하고 있는 곳이다. 외국에 체류하는 교민의 자녀들에게 한국인으로서의 정체성 확립, 한국어 및 한국 문화 교육, 귀국 후 국내적응교육, 현지 적응교육, 국제화 교육을 수행하기 위한 목적으로 설립되었다. 교육부는 2019년 16개국에 34개의 재외한국학교를 설립하여 운영하고 있다. 교사들에게 있어서 외국에서의 생활을 해볼, 정말 특이한 경험을 할 수 있는 특별한 기회가 주어지는 것이다.

운이 좋게 중국에 있는 재외한국학교에서 근무를 하게 되었다. 중국 생활을 시작하면서 나에게 주어진 이 중요한 시간을 유용하게 지낼 몇 가지 계획들을 생각해본다. 첫 번째로는 제한적 경험을 할 수밖에 없는 재외한국학교 학생들에게 다양한 학습경험을 제공하고 나 또한 이곳의 다양한 경험으로 교육적 역량을 높이는 것이다. 두 번째로는 아들이 커갈수록 직장에서 바빠질수록 가족과 함께 있는 시간이 부족했던 만큼 가족들과 있는 시간을 많이 가져보는 것이다. 세 번째로는 외국에서의 생활을 하는 만큼 그 나라의 언어와 문화를 배우고 이해하는 부분들이다. 계획에 있어 각각의 노력도 중요하지만 함께 만족을 시켜줄 수 있는 방법은 무엇이 있을까 생각해보니 그중에 하나가 가족들과 중국의 여러 지역을 함께 여행하고 체험해보는 것이다. 중국의 다양한 지역을 직접 보고, 듣고, 느껴보는 경험들이 인생을 살아가면서 어떤 부분으로든 유용한 자산으로 남을 것이라는 기대로 여행을 시작해 보았다. 그리고 누군가에게는 도움이 될 수도 있다는 생각으로 용기를 내어 그 기록들을 남겨본다.

중국, 가까운 듯하면서 이질감이 드는 곳이다. G2로 미국과 견주고 있는 중국이지만 한국 사람들은 여전히 중국을 비웃는다. 나도 그랬다. 그래서 이곳에 오길 주저했던 면도 있다. 그런데 안으로 들어와서 본 모습은 우리가 잘못 알고 있는 면들이 많다. 다른 사람들에게 잘못 알고 있는 부분을 설명하다 보면 중국에 살더니 중국 사람 다 되었다고 말한다. 세상은 이렇게 변하고 있는데 우리는 중국에 대해서 얼마나 알고 있는 걸까?

중국어 '1'도 못하는 우리 가족이 중국에 살면서 그리고 중국의 여러 지역을 여행하면서 보고 느낀 중국의 모습과 그 이면의 역사적 문화적 배경에 대해서 소개해 보고자 한다. 그리고 우리가 가본 지역, 장소, 문화, 인물, 역사적 사실 등을 초보 여행자의 관점과 여정순으로 나타내 보았고 객관적인 사실들이 더 필요한 경우는 전문 서적을 참고하여 부연 설명을 하였다. 물론 이 사실을 안다고 해서 중국에 대해 바르게 이해했다고는 할 수 없다. 하지만 현지에서 중국을 접하고 알아가는 우리 가족의 여행기로 인하여 중국 도시들의 현재의 모습을 들여다보고 이를 통해 과거에 대한 이해와 미래를 예측해보는 작은 기회로 삼기를 바란다. 이 책은 아무래도 직업이 직업이다 보니 교사의 관점에서 소개한 부분들이 꽤 많다. 그래서 중국을 처음으로 여행하는 사람들이면서 누군가를 가르치는 교사 그리고 교사를 꿈꾸고 준비하는 학생들을 대상으로 쓰게 된 부분들이 많다. 많은 정보의 나열로 독자의 흥미가 떨어지지 않기를 바라는 마음으로 정선된 정보들을 간결한 문장으로 전달하고자 하였다. 그리고 학창 시절, 중국의 역사를 통해 우리의 역사를 배우고 한자를 통해 우리말 뜻을 이해했던 기억과 경험들을 곳곳에 녹여 놓았다. 더 자세한 정보를 알고자 하는 분들은 뒷부분에 나열한 참고문헌과 인터넷 블로그를 참조해 보아도 좋을 것이다.

1부에서는 중국에 와서 살기 전 여행자로서 잠깐 만나본 지난과 베이징을 경험해 본 이야기를 넣어보았다. 2부에서는 우리 가족이 본격적으로 중국에 살면서 경험한 중국 각 도시의 모습이 담겨 있다. 그러다 보니 1부의 내용이 우리 가족들이 본격적으로 중국을 체험한 기록들과는 이질적인 부분들이 있다. 하지만 일반적인 여행자로서 중국을 잠깐이나마 바라보는 시각이 시간이 지나 중국에 살면서 바라보는 모습과 어떻게 다른지도 중요하다고 생각하기에 조심스럽게 앞부분에 끼워 넣어 본다. 3부에서는 교사로서 교육의 관점에서 바라본 중국 이야기를 제시하였다. 한국교총에서 발간하는 한국교육신문에 투고한 칼럼을 정리해 보았다.

여행을 하다 보니 대륙 곳곳에는 수려하고 아름다운 풍경으로, 오랜 역사적 유산과 유물로, 현대 도시의 웅장함과 세련됨으로 말로 형용할 수 없는 장소들이 너무나 많았다. 기대를 못해서였는지 앞으로는 더 많은 곳을 가볼 욕심을 부려 본다. 막연하지만 다음 편에서는 이러한 우리 가족의 경험들이 어디까지 실현되고 기록이 될지 그리고 얼마나 익숙해 질지 기대를 해본다.

마지막으로 내가 경험하고 있는 중국은 많은 장단점을 떠나 비슷한 문화를 가지고 있는 나라로서 무궁무진한 매력을 가지고 있다. 우리 가족과 나의 이 소중한 경험들이 독자들에게도 좋은 정보로 도움이 되기를 다시 한번 바란다.

여행은 생각의 산파이다.

움직이는 비행기나 배나 기차보다 내적인 대화를 쉽게 이끌어내는 장소는 찾기 힘들다. 우리 눈앞에 보이는 것과 우리 머릿속에 떠오르는 생각 사이에는 기묘한 상관관계가 있다. 때때로 큰 생각은 큰 광경을 요구하고, 새로운 생각은 새로운 장소를 요구한다. 다른 경우라면 멈칫거리기 일쑤인 내적인 사유도 흘러가는 풍경의 도움을 얻어 술술 진행되어 간다.

– 알랭 드 보통 '여행의 기술'

제 1 부

여행자로 마주한 중국 이야기

01장

처음으로 만난 중국과 공자의 고장 지난(济南)

중국과의 첫 만남

내가 중·고등학교 다니던 시절에는 교육과정 시간에 한문이라는 교과가 있었다. 얇은 책임에도 불구하고 한문 선생님께서는 늘 과제를 부여해 주셨고 해당 수업 시간 전에는 쪽지 시험과 더불어 지난 시험 결과에 대한 결과 조치(?)가 있었다. 그래서 한문 시간은 늘 부담이 되고 싫었던 기억이 난다. 그런데 아이러니하게도 성인이 되어서 알고 있는 한자의 대부분은 그때 부담을 가지고 외운 한자들이 전부인 듯하다. 더불어 지금까지 기억을 하는 사자성어, 한자의 격언들, 한시에 담긴 비유들을 선생님이 조곤조곤 설명해주시곤 했는데 부담스러운 한자시간과는 또 다르게 재미있게 듣던 기억이 난다. 지금 생각해보면 내가 알고 있는 인문학의 기본이 한문시간이었던 듯하다. 그러고 보면 한국, 중국, 일본은 과거로부터 지금까지 지리적 역사적으로도 늘 영향을 주고받을 수밖에 없는 나라였던 듯하다.

중국! 나라 이름에 가운데 中을 넣은 나라. 이 자신감은 뭐지? 문명이 발생한 곳, 긴 역사와 우수한 문화를 가지고 있는 나라, 삼국지의 나라, 오래 전부터 알고 있던 그 나라에 아주 우연한 기회로 방문을 하게 되었다.

붉은악마 해외원정

교육대학교를 다닐 때 후배의 자취방에서 우연히 유로 2000(2000년에 열린 유럽 대륙 국가간 축구 대회) 중계 경기를 보게 되었다. 이슈가 되던 대한민국 국가대표 경기는 가끔 집에서 가족들과 보곤 했는데 다른 나라의 축구 경기를 본 것은 처음이다. 지단, 피구 등 그 당시 스타플레이어들의 개인기가 가득한 경기를 보면서 흥미진진함으로 밤을 새던 기억이 난다. 교사가 되던 다음 해인 2002년에는 우리나라에서 월드컵이 개최되었다. 국가대표 서포터스인 붉은악마에 가입하여 전국의 월드컵 경기장으로 축구경기를 관람하고 응원을 하러 다녔었다. 대형 태극기를 보거나 들었을 때의 그 짜릿한 느낌은 경기장에 내가 직접 선수로 나가 뛰는 듯한 비장함까지 든다. 그러던 어느 날 붉은악마 카페에 아시안컵 해외원정 응원에 대한 공지 글이 올라왔다. 한 번도 해보지 못한 경험을 해보고 싶었고 마침 해당 기간이 학교의 방학기간이었다. 그래 가보자! 장소가 어디지? 중국의 지난? 한 번도 못 들어 본 지명이네~ 덥석 카페 게시판에 참가 신청 글을 올렸다. 글을 올리자마자 사전에 준비해야 할 내용들이 문자 메시지로 왔다. 해외원정 응원에 소요되는 비용을 입금 하고 중국비자를 받으라는 것이다. 중국은 비자가 필요한 나라구나!

중국 비자를 받으러 중국대사관에 직접 가보는 경험을 했다. 인근의 여행사를 통해 수수료를 내고 받을 수도 있지만 시간이 촉박하기도 하였고 서울에 볼일도 있어 광화문에 있는 중국대사관에 방문을 하였다. 귀찮기도 했지만 중국 가는 과정이겠거니 하면서 중국행 붉은악마 전세기를 탈 수 있었다. 요즘에 보는 중국의 기차역이나 공항은 무척이나 크고 화려하게 지어졌지만 그 당시의 지난공항은 시골 터미널 같은 느낌이었다. 하지만 들뜬 마음으로 버스를 타고 고속도로를 지나 지난의 5성급 호텔에 짐을 풀었다.

지역이 조금은 변두리 같은 느낌이 있었지만 호텔 시설만큼은 정말 크고 화려하다. 붉은악마 대표가 중국의 특징과 현재 상황들 그리고 중국에서 지켜야 할 수칙들을 말해준다. 중국 측에서 우리 붉은악마 응원단을 주시하기 때문에 풍기문란한 행동을 하면 양국 간에 좋지 않은 일이 일어날 수도 있다는 이야기다. 호텔 아래 있는 마사지 숍도 허용이 안된다는 이야기를 추가로 들었다. 괜히 공산주의 국가가 아니구나라는 생각이 든다. 캐리어에 한국 소주와 통조림류의 안주를 가져온 형님, 동생들과 축구에 대한 이야기... 그리고 붉은악마 해외원정을 갔던 이야기 등을 밤새 나누었다. 축구에 관심있는 사람들이 모여 똑같은 분야의 이야기들을 하다 보니 밤새 시간이 가는 줄도 모를 정도이다. 98년 프랑스 월드컵 이후 PC 통신을 기반으로 생긴 축구 동호회들이 모여 만든 붉은악마의 역사도 자세히 들을 수 있었고 한국 프로축구인 K리그에 대한 애정도 느낄 수 있었다. K리그가 흥행이 되야 한국

축구가 발전할 수 있으며 우리가 그 중추적인 역할을 해야 한다는 이야기도 나누었다. 왠지 모를 사명감(?)을 느끼며 잠자리에 들었다. 같이 숙소를 사용하게 된 친구는 3살이 어린 동생으로 삼성전자에 근무하는 친구이다. 다음날 숙취로 조식을 뜨는 둥 마는 둥 한 우리는 버스를 타고 지난 스타디움으로 이동하여 경기가 시작하기 전에 경기장의 이곳저곳을 둘러보았다. 2002년 월드컵을 치룬 우리나라의 멋진 축구 경기장과는 다르게 오래되고 낡은 경기장이었고 매점 등 부대시설이 충분하지 않았다. 무엇보다 질서를 지키지 않는 중국 사람들 때문에 조금은 실망스러웠다. 콜라 하나를 사는데 부채꼴 대형으로 몰려 있는 사람들을 보니 정신이 없다. 아시아의 호랑이라고 하면서 중동지역, 일본에게 늘 지곤했던 우리나라는 이번 대회에는 아시안컵 재패의 목표를 가지고 경기에 임했지만 이란과의 4강 경기에서 아쉽게도 3:2로 지고 말았다. 우리는 이 경기에서 이기면 결승전 응원을 위해 베이징까지 갈 예정이었지만 지는 바람에 중도에서 짐을 싸야 할 상황이다. 급하게 회의를 한 결과 다음날 지난 주변 여행을 하고 한국으로 복귀하는 팀과 칭따오를 들러 베이징으로 가서 결승전을 관람하자는 팀으로 나눠서 일정을 가지기로 하였다. 지난에서 유학중인 유학생들의 도움을 받아 지난 인근 관광도 하였고 중국음식 등 양꼬치도 처음으로 먹어 보았다.

지난과 태산

지난은 2,600년의 역사를 지닌 중국 산둥성의 성도이다. "샘의 도시"라고도 불리며 황하강 남쪽에 위치했다고 해서 '지난'이라고 불렀다. 지난은 산둥성의 성도이긴 하지만 우리나라 사람들에게는 익숙하지 않다. 그래서 양꼬치와 맥주로 유명한 칭따오가 성도인줄 아는 경우가 많다. 인구도 약 650만으로 칭따오 보다는 조금 적고, 지하에 물이 많은 도시라서 지하철이 없다. 하지만 인근에 타이 산과 황하 강이 흐르고 있어 땅이 기름지기 때문에 예로부터 사람들이 많이 모여 사는 대도시이다. 천연 수원지들로부터 솟아나는 물이 풍부하여 일찍부터 사람들이 이곳에 정착해 살았다. 그 뒤 수세기 동안 이름은 여러 번 바뀌었지만 주요 행정중심지였다. 중국에서 가장 성스러운 산들 중 하나인 타이산이 남쪽 가까이에 있는데 13세기에 이곳을 다녀간 마르코 폴로가 극찬을 했다. 중국에 가기 전에 지난에 대한 정보를 많이 찾아보지 않고 간 터라 조금은 생소하기도 하였고 인솔해주는 유학생들이 알려준 정보를 통해 지난을 알아가게 되었다.

축구에 대한 아쉬움을 뒤로 하고 중국 왕조의 모든 역사가 담겨 있다고도 할 수 있는 태산(타이산)을 방문하는 날이다. 숙취를 참고 버스에 올라 졸다 보니 타이산의 입구에 도착했다. 중국의 오악(五岳) 중 하나로서 동쪽에 있는 산으로 꼽히는 타이산은 중국 왕조들 중에서도 큰 업적을 남긴 황제들만이 하늘에 제사를 지낼 수 있었던 산으로, 어느 왕조 가릴 것 없이 오랜 역사가 쌓여 있는 산이다. 이러한 역사적 가치뿐만 아니더라도 우리에게 꽤 가까운 산인데 '태산이 높다하되 하늘아래 뫼이

로다'라는 양사언의 시조, '태산에 올랐더니 천하가 작더라'는 공자님의 말씀까지 많은 고전 문학에서도 언급되는 곳이다. 태산은 워낙 어릴 때부터 많이 들었던 터라 약간의 기대감이 생긴다. 중국의 명승지들은 대부분 아침 일찍부터 문을 연다. 패키지여행처럼 단체 여행을 하는 터라 편하긴 하다. 대중교통을 이용해서 이곳에 왔을 생각을 하니 말도 안 통하고 조금은 고생했을 것 같다. 간단한 영어소통도 안 되니 더더욱 그렇다. 중천문에서 태산 정상부인 남천문 일대로 가는 방법에는 두 가지 경우가 있다. 케이블카를 타고 가는 방법과 직접 걸어가는 방법. 걸어가는 방법은 길이 상당히 가파르다. 이후 중국을 여행하면서 붉은 패에 복을 기원하는 것을 많이 봤다. 명승지에서 본 이런 기복 신앙의 모습은 오히려 중국과 일본이 닮은 것 같다. 가파른 계단이 끊임없이 나 있다. 과거의 황제들도 경건한 마음으로 이렇게 힘들게 길을 올랐을까? 아니면 가마에 앉아서 갔을까? 남천문에서부터 정상인 옥황봉까지의 길은 사실상 정상부로 평탄하게 이루어져 있는 길이다. 하늘길이라는 말이 어울리는 곳. 하늘길에는 가게들이 즐비해 있고 간식거리 등 여러 가지 먹거리 등을 사먹을 수 있다. 벽하사로 가는 길. 정상부 하늘길에서도 조금 높은 곳에, 그리고 절벽에 있는 건물들이 신성한 느낌을 더해주고 있다. 벽하사는 옥황상제의 딸이자 태산의 여신이라는 벽하신군을 모신 사당이다. 산 정상부에 있어 번개가 치면 위험할 수 있기 때문에 이를 피하기 위하

여 건물의 재료에 금속과 벽돌, 나무가 섞여 있다고 한다. 봉선 의식뿐만 아니라 태산은 중국 도교의 성지이기도 한데, 벽하사 안에는 도사도 돌아다니고 있고, 음양 문양이라든지 이국적으로 보이는 것들로 가득 차 있다. 좀 더 오르다 옥황봉에서 내려다 보면 아래에 깔린 운무 때문에 마치 신선이 사는 세계 같은 느낌을 준다. 타이산(태산)이 그렇게 높은 산은 아니지만 (해발 1,544m) 이러한 풍경은 과거 클 태(泰) 자를 쓸 만큼 위용 있는 중국의 오악 중 하나라 느끼기에 손색이 없다. 오악(五岳)은 중국의 다섯 이름난 산을 말한다. 다섯 방위에 따라 다음 산이 있다. 동쪽은 태산(東岳泰山, 산둥성, 1545m), 서쪽은 화산(西岳華山, 산시성 섬서성, 1997m), 남쪽은 형산(南岳衡山, 후난성, 1290m), 북쪽은 항산(北岳恒山, 산시성 (산서성), 2017m), 중앙은 숭산(中岳嵩山, 허난성, 1494m)을 말한다. 내려갈 때는 케이블카로 내려간다. 올라왔던 그 가파른 길을 걸어서 내려가는 것이 무서울 것만 같다. 케이블 카에서 내려다 보니 오래된 고적지도 있고, 상점들도 있어 길과 나무들 간의 어우러진 모습이 꽤나 괜찮아 보는 멋이 있다.

천성광장과 대명호

타이산(태산)에서 내려 간 천성광장은 표돌천의 동문(东门)과 마주해 있는 도심 광장이다. 동서 780m, 남북 230m로 훤히 트인 공간을 알차게 꾸몄다. 남쪽에는 샘의 도시에 걸맞게 '泉'자를 형상화해서 세운 38m의 조형물이 눈길을 끈다. 북쪽에는 광장을 한눈에 내려다볼 수 있는 아치형 복도식 건축이 기다랗게 이어진다. 지난의 상징은 물과 샘인 만큼 그것을 상징하는 조형물과 야외분수대가 광장에 있어 현지인들이 편하게 오는 곳이다. 늘어선 고층건물들과 광장의 모습은 전통의 도시 지난이 현대 산동성의 성도라는 점을 인지하게끔 한다. 이어서 간 대명호는 번화한 도심에서 보기 드문 천연 호수로 호수 삼면을 에워싼 버드나무와 호수에 만발한 연꽃으로 지난을 가장 아름다운 곳으로 변화시킨다. 광장 총면적 860,000㎡ 중 호수가 절반이 넘는 460,000㎡를 차지한다. 역시 중국답게 모든 것이 크다. 지난 3대 샘 중 하나인 대명호의 버드나무는 우리나라에서 많이 볼 수는 없다. 중국 무협지 등에서도 자주 등장을 하고, 〈구운몽〉 같이 중국 배경의 소설에서도 볼 수 있듯 수양버들이라는 나무는 중국의 모습을 상상함에 있어 자주 등장하는 나무다. 대명호의 호숫가는 빙 둘러 수양버들로 우거져 있다. 대명호에는 중국 기와식 건물들을 볼 수 있다. 여러 가지 용도로 개조되어 현재도 상점, 카페로 활용이 된다. 오래된 고적이라는 생각은 전혀 들지는 않지만 수양버들과 더불어 대명호에서의 중국 정취를 강화하는데 일조하고 있다. 특히나 야간 조명이 상당히 인상적인데, 한적하게 한 바퀴 산책을 하다보면 호수의 정취를 잘 느낄 수 있게 해준다는 점에서 상당히 마음에 든다. 이러한 풍경들은 지난이 옛 모습을 가지고 있는 전통의 도시이기도 하지만 산동성의 성

도이고 대도시로 많은 마천루도 가지고 있어 과거와 현재의 모습을 고스란히 함께 담고 있는 매력을 가지고 있다. 대명호는 AAAAA급 관광지로 지난 관광의 핵심이라고 할 수 있다.

짧은 만남 지난

축구를 보러 아무 준비 없이 접한 중국은 공산주의 국가의 모습을 고스란히 담고 있었고 생각보다 번화한 건물과 시설들에 놀라움이 들었다. 대명호 주위에 앉아있는 젊은 연인들의 모습을 보면서 앞으로 개방 등으로 더 많은 변화가 생길 것 같다는 생각과 대명호의 크기에 역시 대륙이구나라는 것을 느낀다. 축구보고자 아무 생각 없이 떠난 곳이지만 여행이든 뭐든 새로운 곳에 갈 때에는 그곳에 대한 정보를 조금은 알아보고 가야겠다는 생각이 든다. 하지만 중국이라는 나라에는 당분간은 오지 않을 거 같다. 하지만 결혼을 하고서 아들과 함께 올 줄은 꿈에도 몰랐고 가족 전체가 다 와서 살게 될 줄은 더더구나 생각을 못했다. 사람일 모를 일이다.

02장

역사의 보고 베이징(北京)

중국의 수도 베이징으로

아들이 초등학교에 들어가면서 책을 사러 가끔 대형서점에 가곤 한다. 아들이 가장 관심 있게 분야는 역사관련 책들이다. 고조선의 단군왕검부터 만주지역을 차지했던 고구려의 이야기까지... 책을 좋아하고 관심을 갖는 자녀의 모습은 부모의 마음을 흐뭇하게 하고 아이의 발전된 미래를 상상해보게 한다.

그러던 어느 날은 첨성대가 보고 싶다고 해서 지붕 없는 박물관이라 불리는 경주 일대 유물과 유적들을 둘러보고 낙화암이 진짜 있냐는 질문에 부여, 공주 일대의 여러 장소를 가보는 경우가 생긴다. 몸은 힘들지만 나름 부모로서 아이에게 해줄 것을 해줘야 한다는 사명감이 생긴다. 이러한 체험교육이 전부라고 할 수는 없겠지만 아이가 살아가는 부분에 있어 커다란 역량이 되지 않을까 생각을 해본다.

학교에서 현장체험학습을 떠나기 전에는 학생들에게 안전교육과 더불어 체험 장소에 대한 사전교육을 시킨다. 그런데 가족들과의 여행 전에는 이상하게도 대강의 정보만 인지하고 떠나는 경우가 많다. 여행에 대한 들뜨는 마음과 함께 한 켠으로는 준비 미흡에 대한 불안함이 든다. 그렇게 떠나다 보니 여행 중에 생각지도 못한 여러 우발 상황들에 놀란 가슴을 쓸어내리곤 한다. 여행의 묘미가 그렇다고는 하지만 가족끼리의 여행에서는 안전에 대한 걱정이 앞서곤 한다.

우리나라의 역사는 대륙국가인 중국과 밀접한 관계가 있다. 대륙에 있는 국가가 어느 나라로 바뀌느냐에 따라 우리나라에 영향을 끼쳤던 사실들이 있다. 물론 지금도 그렇다. 역사책에 관심 많던 아들이 더 많은 정보가 담겨 있는 책들을 필요로 하고 그 영역도 확장되는 모습이 보인다. 문득 만리장성이 직접 보고 싶다는 아들의 말에 그럼 중국을 가야 하나? 라는 생각이 들었다. 중국이라는 나라에 한 번 가보긴 했지만 그리 좋은 느낌을 받지 못했기에 그냥 넘어가려 했다. 하지만 북방 이민족의 침입을 막기 위해 쌓은 만리장성을 직접 보고 싶다고 아들이 끊임없이 이야기한다. 결혼을 하고 아이가 태어나고부터는 여행다운 여행을 많이 하지는 못했다. 이제 좀 커서 여행을 다니려고 하는데 그 장소로 중국을 말한다. 와이프는 되도록이면 아들이 원하는 것을 들어주려 한다. 하긴 나도 그렇지만 이번 여행은 별로 그러고 싶지가 않다.

만리장성은 어디 있는 거야? 중국의 수도 베이징 인근에 있어 베이징 여행을 계획하는 사람들이 여행 일정으로 가보는 대표적인 장소이다. 아들과 와이프의 계속된 이야기에 중국의 두 번째 여행을 시작해 보기로 한다. 처음 산둥성 지난에 갈 때는 아무 준비나 생각 없이 간 것이라 아쉬운 생각이 많이 들었다. 이번에는 가장으로서 가족과 함께 가야 했기에 일정은 자유롭지 못하지만 비교적 안전한 패키지여행을 계획해 보았다.

10년 만에 다시 중국으로

조금은 급작스럽게 해외여행을 하게 되어 들뜨기도 하지만 그 행선지가 중국이라 걱정스런 마음도 든다. 가깝고 문화가 비슷한데도 왜 이리 걱정스러운 걸까? 10년 전과 많은 변화가 있을까? 무질서함, 위험하게 불법 유턴하는 택시들, 아마도 공산주의 국가이고 여행 자유화가 얼마 안 되었던 10년 전 좋지 못한 모습을 보았기 때문인 것 같다. 많이 바뀌어 있겠지? 베이징 올림픽까지 치룬 나라인데...

아침 일찍 일어나 인천공항이 아닌 김포공항으로 출발하였다. 공항의 약속된 장소에서 가이드를 만나 일정을 소개 받고 티켓팅을 하였다. 초등학교 2학년인 아들은 처음으로 여권을 만들어 해외를 나가는 것이다. 처음으로 타보는 비행기의 창밖을 신기하게 쳐다보며 엄마 휴대폰으로 끊임없이 사진을 찍고 있다. 여행의 이런 설레임과 들뜸은 너무나 좋다. 간단한 기내식을 먹고 베이징 국제공항에 도착했다. 베이징 수도 국제공항(北京首都国际机场)은 중화인민공화국의 수도 베이징시 차오양구에 위치한 국제공항이다. 중화인민공화국에서 교통량 및 운송량이 많은 대형공항으로 2008년 베이징 올림픽 때 3터미널까지 개통이 되었다. 베이징은 국제도시로서 다싱 국제공항이 개항되면 수도 공항의 기능과 교통량을 분담시킬 예정이다. 공항 앞에서 가이드를 만나 들어보니 패키지 일행 중 몇은 다른 비행기를 타고 오는 것 같다. 도착 시간이 20~30분 차이 나는 그들을 가이드와 함께 기다렸다.

다산쯔(大山子) 798 예술가거리(艺术区)

가이드는 한국말을 너무 잘하는 조선족이다. 그의 말에 의하면 덩샤오핑의 개방 개혁 정책에 따라 중국이 많은 발전을 이루었지만 결정적 계기가 된 것은 2008 베이징 올림픽 개최로 중국은 그 이전과 이후로 나뉜다고 한다. 중국이 최우선으로 개방정책과 경제를 생각하면서도 근래에는 친환경 정책으로 대기오염에 대한 고민이 많다. 무엇보다 국제 스포츠대회인 2008 베이징 올림픽을 치루면서 중국의 발전하는 위상을 전 세계 사람들에게 보여줘야 했다. 이전의 무질서함과 지저분함을 보여줘서는 안 된다는 생각으로 국가에서는 많은 것을 단속하였다. 무엇보다 대기오염 주범 중의 하나인 낡고 노후한 경유 차량은 베이징에 진입을 할 수 없게 만들어 놓았다. 베이징 올림픽을 지나 지금에 이르러서는 전기 차량을 권장하고 상용화시키고 있다. 요즘은 휴대폰 결제시스템으로 결제를 하고 탈 수 있는 자전거도 거리에 많이 비치되어 있다. 차량에 탑승하여 서로 소개를 한 후 베이징 시내로 진입하였다.

처음으로 우리가 간 곳은 798 예술거리이다. 파주의 헤이리 느낌이다. 798 예술거리는 베이징 동북쪽 코너 따산즈 지역에 위치한 로프트(loft) 형식의 대형 복합 예술단지이다. 이미 중국 전역에 위치하고 있는 로프트식 예술 단지의 표본이며 미술 애호가뿐만 아니라 일반 관광객들도 많이 찾는 예술 명소 일번지이다. 로프트식 예술 공간이란 뉴욕의 소호에서 시작되

었는데 오래된 공장이나 창고를 개조하여 스튜디오나 화랑 등의 예술 공간으로 활용하는 것을 의미한다. 주로 저렴한 임대료를 노리는 예술가들이 시 외곽의 버려진 공장 건물을 임대하여 작업실로 사용한 것에서 유래되었다. 따산즈 지역은 원래 군수물자를 생산하는 공장단지였지만, 지금은 중국에서 가장 규모가 크고 국제적으로도 영향력 있는 예술구역으로 변화했다. 거리 곳곳에 예쁜 카페도 있고 예술적 느낌이 있어 사진을 찍기에 좋은 곳이다. 798은 718 연합공장 중 798단지라는 뜻을 가지고 있다. 798이라는 숫자는 공장구역에 매겨진 706, 707, 751, 761, 797, 798 등과 같은 번호이다. 1950년 초 소련이 계획하고 동독이 설계를 맡아 '718 연합공장'이 처음으로 조성되었고, 점점 확대되었다. 이곳은 1980년대 초만 해도 중국 최초의 원자탄, 인공위성 부품을 생산했던 비밀스럽고 신비스런 곳이었다. 그러나 '80년대 후반부터 몇 차례 개혁에도 불구하고 공장은 경영난에 부딪혔고 임대업으로 방향을 전환한다. 이에 저렴한 작업 공간을 찾던 예술가들이 하나둘씩 모여 들었다. 잘 알려진 수이지엔궈(隋建国), 타임존8(Timezone 8)의 주인 로버트 베멜(Robert Bermell), 황루이(黄锐), 도쿄화랑 등이 이곳에 자리를 잡기 시작하였다. 또한 1990년대 후반 중앙미술학원도 이곳을 임시작업실로 사용하기 시작하면서부터 널리 알려지게 되었다. 높은 천장에 탁 트인 넓은 공간은 큰 작품을 만들기에도 최상의 조건이다. 하루 종일 일정한 자연광이 들어오는 커다란 창문까지, 작업하는 미술인들에게는 그야말로 최고의 공간이다. 2008년 베이징올림픽을 앞두고 798이 국내외의 관심을 받고 관광객이 끊이지 않자, 중국 정부는 이곳을 '따샨즈 798예술구' 문화특화지역으로 선정했다. 원래 철거하려고 했던 이곳을 보호, 육성하기로 계획을 바꾸고 지금의 모습과 같이 꾸민 것이다. 이러한 결실 속에는 많은 가난한 예술가들의 노력이 숨어 있었다. 예술구 안 곳곳이 아름답고 차분하다. 레고로 만든 작품들도 전시되어 있어 아들이 좋아한다. 중간에 심어진 꽃과 한적한 카페가 어울려 곳곳이 포토존을 이룬다.

중국의 상징, 천안문광장(天安门广场)

중국 하면 대표적인 곳이 마오쩌둥의 대형 초상화가 걸린 천안문과 그 앞으로 펼쳐진 천안문 광장이다. 천안문 광장은 금수교(金水桥)라 불리는 다섯 개의 흰 대리석 다리로 연결되어 있다. 천안문 광장은 베이징 중앙부에 위치한 동서 500m, 남북 880m, 총 면적 44만 m²의 세계 최대 광장이다. 이곳을 중심으로 각종 대중교통도 잘 구성되어 있다. 광장 북쪽에서 있는 높이 33.4m의 천안문은 원래 1417년에 명 영락제에 의해 건설되었던 승천문(承天门)이 그 전신으로, 청나라 시대에 불탄 것을 1651년에 재건해 천안문이라고 부르게 되었다. 성문 앞의 광장도 명청 시기에는 천보랑(千步廊)이라 칭했으며 황제 전용 통로가 있었던 곳이다. 1651년의 재건 이후 1958년 확장 공사를 거쳐 현재의 규모가 되었으며, 100만 명의 인원도 거뜬히 수용할 정도라서 대규모 군중시위, 집회, 행렬, 경축행사 등의 장소로 빈번히 활용된다. 1919년의 5·4운동, 1949년의 중화인민공화국 선포, 문화대혁명, 두 차례의 천안

문 사태 등 굵직한 사건들이 벌어진 중국 근현대사의 상징적 장소이다. 마오쩌둥이 중화인민공화국의 성립을 선포한 천안문의 누각 위에서 드넓은 천안문 광장을 내려다볼 수 있어 기념촬영을 하는 관광객들이 많다. 베이징은 여러 나라의 수도로서 천안문은 여러 나라들의 궁궐의 정문으로서 상징적인 요소들이 많다. 1919년 신해혁명을 일으킨 중국인, 대만인들이 모두 존경하는 쑨원의 사진이 원래는 이곳에 걸려 있었다. 하지만 쑨원의 사후 군벌세력을 통일 시키고 중일 전쟁을 승리로 이끌었던 국민당 총통 장제스의 사진이 그후에 걸렸다. 지금의 마오쩌둥의 사진보다 훨씬 큰 사진이다. 국민당 장제스는 자신의 사진이 걸려있던 그곳에 얼마 지나지 않아 마오쩌둥의 사진이 걸리게 될지 생각도 못했을 것이다. 가족과 함께 이곳에서 사진을 찍어본다. 중국의 소식을 전하는 뉴스에는 이곳의 모습이 배경화면으로 나오는 경우가 많다. 아들에게 물어본다. 직접 보니 어때? 만족하는 웃음을 짓는다.

천안문 광장 중앙에는 인민영웅기념비, 남쪽에는 마오주석 기념당, 동쪽에는 중국혁명박물관과 중국역사박물관, 서쪽에는 인민대회당사가 있다. 베이징의 주요 관광요소가 이곳에 모여 있는 셈이다. 여름이라 너무 덥다. 생수를 하나 사서 목을 축인 후 천안문을 배경으로 크게 사진을 찍어본다. 10년 전 왔던 중국을 가족들과 다시 왔다니 신기하기만 하다. 이곳에서는 하루 두 차례 국기 게양식과 강하식이 치러진다. 매일 동틀 무렵과 해질녘에는 이 식을 보기 위해 몰려든 사람들로 광장 주변이 인산인해를 이룬다. 놀랍게도 대부분의 식 참가자는 지방에서 올라온 중국인 여행자들로 이들에게는 이 식에 참가하는 것이 일생일대의 과업이라고 한다. 햇살이 비치기 시작할 무렵 펄럭이며 하늘로 올라가는 오성홍기를 바라보노라면 가슴속 깊이 뭉클한 애국심이 느껴진다는 중국인들. 진지하고 엄숙하게 의식을 치르는 중국인의 모습들을 보면 외국인으로서 이색적인 느낌도 든다.

자금성(고궁박물원: 故宮博物院)

천안문 광장을 둘러보고 자금성 안으로 들어간다. 발령이 난 이후로 줄곧 초등학교 5, 6학년 담임을 해왔다. 무엇보다 사회과 수업에서 역사 영역의 수업을 많이 했기에 특별연구교사 과제를 수행할 때에는 학급의 학생들과 경복궁에가서 직접 체험하고 미션을 해결해보는 수업도 진행을 해보았다. 경복궁과 인근 궁궐들의 아름다움들과 그곳에 얽힌 많은 역사적인 사실들을 알고 이야기한다는 것이 교사 이전에 우리 역사를 좋아하는 사람으로서 자랑스럽고 흥미롭고 때로는 아프기도 했다. 우리의 역사와 관련이 깊은 중국의 궁궐은 어떤 모습일까? 나와 같은 궁금증을 갖고 있는 내 아들과 그 정문 앞에서 함께 서 있으니 신기하기만 하다.

중국 공산당 지도자 마오쩌둥의 초상화가 걸려 있는 천안문 성벽은 길고 높다. 우리나라의 웬만한 유적지인 성은 다 가보았는데 그에 비해 중국의 성벽들은 정말 높다. 거대한 문을 지나 조금 이동하면 500년 넘게 절대 권력의 중심지였던 거대한 궁궐이 보인다. 바로 중국 황제들이 살았던 궁궐, 자금성이다. 한자로 '자금성(紫禁城)'이란 자주색의 금지된 성이란 의미를 갖고 있다. 중국의 정치와 문화의 중심이었던 궁궐인 자금성은 오랫동안 백성들이 드나들 수 없는 곳이다. 궁궐 안에 들어갈 수 있는 사람은 황제, 황후, 고위 관리와 궁녀, 내시, 시종, 외국 사절단 정도가 전부이다. 지금은 자금성을 '고궁박물원'이라고 부른다. 5세기 넘게 백성들의 출입이 금지되었던 황제의 공간은 박물관으로 옷을 갈아입어, 누구나 자유롭게 드나들 수 있게 되었다. 자금성은 명나라와 청나라 두 왕조 시대, 거대한 나라 중국의 중심지이다. 중국 사람들은 이곳을 세상의 중심이자 신성한 장소로 생각했다. 유래를 찾아볼 수 없는 넓은 공간에 수많은 건축물이 들어서 있는데, 건축물 하나하나가 중국 고대 사상과 전통을 계승하고 있다. 자금성은 과거 중국 왕조가 얼마나 눈부신 문화를 이루고, 절대적인 권력을 행사했는지 잘 보여 주는 문화유산이다. 가이드는 이곳에 화장실이 없으며 궁궐에 들어와 황제를 해할 수 없도록 나무를 심어놓지 않았다는 이야기를 한다. 입구에서 들어와 자금성을 처음으로 보았을 때 우리 가족 모두 규모에 압도될 정도로 놀랐다. 경복궁 광화문으로 들어가 홍예문을 통과해 본 근정전의 모습도 훌륭했지만 이곳의 규모는 놀랍기만 하다. 아 괜히 중국이 아니구나. 우리나라 사신들이 이곳에 와서 크기와 규모에 압도가 되었겠다는 생각이 든다. 유홍준의 나의 문화유산답사기에 나온 것처럼 중국은 나름의 크게 지어야 할 상황들이 있었을 테고 우리는 우리 나름대로의 크기에 맞게 지을 상황이 분명 있었을 것이다. 하지만 그 크기는 감탄하기에 충분하다.

자금성에 살았던 중국 황제들은 하늘의 아들이란 의미로 '천자(天子)'라고 불렸다. 명나라 제3대 황제 영락제는 황제가 된 지 4년째인 1406년, 수도를 남쪽 난징에서 베이징으로 옮기면서 거대한 궁궐을 짓도록 한다. 약 100만 명의 사람들이 14년에 걸쳐 만든 자금성은 이전까지의 어떤 궁궐과도 비교할 수 없을 정도로 규모가 웅장하다. 전체 면적 72만m², 건축 면적만도 15만m²에 이르는 거대한 건축물이다. 길이 960m, 폭 750m

인 직사각형의 공간에 수많은 건물이 들어서 있고, 방의 개수도 약 9000개나 될 정도이다. 자금성은 도시 속에 지어진 하나의 도시라고 할 수 있다. 면적만 보면 마을 정도의 규모이지만 동서남북으로 설치된 폭 50m의 해자(성 주위에 둘러 판 못)와 10m 높이의 성벽을 보면, 완벽한 하나의 도시로 보인다. 장안이라는 도시를 둘러싼 그 성벽이 생각난다. 자금성의 방에 대해서도 여러 이야기가 전해 오는데, 실제로 자금성에 있는 방은 모두 8886개이지만 자금성 방의 개수가 9999개라고 알려져 있다. 커다란 자금성의 각종 건물들을 배경으로 해서 사진을 찍고 반대쪽 끝부분에 이르니 더운 날씨에 많은 사람들이 아이스크림을 사 먹을 수 있는 매점이 나온다. 보존해야 할 세계문화유산 안에 건물의 한곳을 활용하여 이런 매점이 있다는 것이 신기하다.

자금성은 거대한 건축 박물관이자 중국을 대표하는 역사박물관이며, 종합 문화 공간이라고 할 수 있다. 명나라 영락제 때 처음 지어진 건물들은 세월이 흐르면서 낡아졌지만 청나라 때 고치고 새로 지으면서 명나라 때의 모습을 그대로 만들어 놓았다. 새로운 나라를 건국하면서 멸망시킨 나라의 궁궐을 그대로 사용하기엔 쉽지 않았을 텐데 신기하다. 기

본 구조는 물론이고 자재와 장식 등 모든 것을 명나라 때의 건축을 바탕으로 지었다. 자금성에는 건축물 외에도 흥미로운 것들이 많다. 천자인 황제가 머물렀던 자금성의 공간들에는 하나같이 깊은 뜻이 숨어 있다. 자금성이란 이름은 중국의 천문학(우주관)에서 우주의 중심으로 여겼던 북극성과 관련이 있다. 우주의 중심인 북극성을 진한 자주색으로 알고 있던 중국의 권력자와 천문학자들이 하늘의 아들인 천자가 머무는 궁궐의 색을 자주색으로 지정한 것이다. 또한 자금성에는 눈이 부시도록 아름답고 화려한 물품들이 가득해, 황제들의 생활 모습과 옛 중국의 화려한 문화를 엿볼 수 있다. 황제가 나랏일을 볼 때 사용했던 책상과 의자, 수많은 보석, 서예, 미술품, 공예품은 물론이고 궁궐의 벽과 바닥을 장식한 돌조각 하나까지도 예술성이 뛰어난 작품이다.

직사각형으로 이루어진 자금성은 질서 정연한 대칭 구조로 되어 있고, 기능에 따라 크게 외조와 내정으로 나뉘어 있다. 외조는 황제가 공식적인 업무를 처리하는 곳이고, 내정은 황제와 황후, 빈과 상궁들이 사용했던 사적인 공간이다. 자금성의 중심 출입문인 남쪽 오문에서 보면 앞쪽에 외조가, 뒤쪽에 해당하는 북쪽에 내정이 자리 잡고 있다. 낮에 일하

고 밤에 휴식을 취한다는 전형적인 중국 궁궐 건축 양식의 맥을 이은 것이다. 외조는 황제의 공식 집무실인 태화전과 방문객을 만나거나 신하들과 이야기를 나누었던 중화전, 황제의 책을 보관하는 도서관이자 연회장이었던 보화전으로 구성되어 있다. 외조의 중심은 자금성의 대표적인 건축물인 태화선이다. 태화전은 황제가 중요한 나랏일을 결정하고 공식적인 행사를 치르던 장소이다. 황제의 즉위식, 탄생 축하 행사, 결혼식, 국가의 칙령 발표, 외국 사신 접대 및 조공 등 나라의 중요한 행사가 주로 이곳에서 열렸다. 그리고 군대가 전쟁터에 나갈 때 행사장으로 이용되기도 했다. 태화전은 그 자체가 황제의 권위를 상징한다고 할 수 있다. 길이 64m, 폭 37m, 높이 27m에 달하는 중국에서 가장 큰 목조 건축물로, 온통 흰 돌로 이루어진 넓은 마당에 세워져 있다. 황제만 다녔던 길을 따라 폭 3m, 길이 16m에 이르는 조각이 새겨져 있고, 건물 안과 밖도 용과 봉황, 사자, 기린, 말, 물고기 장식으로 꾸며져 있다. 태화전은 3단의 기단 위에 지어졌는데, 3단의 기단은 오직 하늘의 아들인 황제가 머무는 곳에만 사용된다. 기단에 장식된 동물 조각과 문양도 아름답다. 목조 건물의 약점인 화재에 대비하여 궁궐 안에 '금수하'라는 인공 호수를 만들어 물을 저장하기도 한다.

자금성을 살펴보면 우리나라의 경복궁 안의 여러 건물들 이름과 비슷한 부분이 많다. 황제와 황후, 궁녀들이 사용하던 내정은 건청궁과 교태전, 곤녕궁으로 이루어져 있다. 내정은 이 3개의 건물들 주변에 대칭으로 많은 건물이 세워져 있어, 공적인 공간인 외소와 뚜렷한 차이를 보인다. 내정의 중심 건물은 건청궁이다. 명나라에 이어 청나라 초기까지 황제의 침실이자 휴식 공간으로 사용하던 곳이다. 건청궁은 청나라 옹정 황제가 양심전이란 곳에 새로운 침실을 마련하고 태화전에 이어 보조 직무실로 사용하기 전까지는 오직 황제와 황후만의 공간으로 사용되었다. 옹정 황제 이후부터 건청궁은 황제의 서재이자 고위 관리들이 만나는 장소이기도 했고, 때론 외국 왕실의 손님을 맞는 곳이자 연회장으로 이용하기도 했다. 전체적인 분위기와 내부의 모습이 태화전과 비슷한데, 역시 금박 병풍과 옥좌를 비롯하여 천장과 기둥, 여러 가지 물건들이 모두 화려하다. 건청궁 옥좌 뒤에는 '정대광명(正大光明)'이란 커다란 액자가 걸려 있다. 이 액자는 초기 청나라 황제였던 순치 황제가 직접 쓴 것이다. 청나라 초기 선양(심양)의 고궁에도 똑같은 현판이 있다. 또 건물 입구에 걸려 있는 '건청궁'이란 현판도 순치 황제가 직접 쓴 것으로 한자와 만주어가 함께 쓰여 있어 황실의 주인이 만주족이라는 것을 알리는 표시이다. 건청궁 뒤쪽에 있는 교태전은 명나라 초기에 황후가 살던 곳이자 황후의 생일을 축하하는 장소이다. 건륭 황제 때는 황제의 직무실로 사용했고, 이후에는 나라의 옥새를 보관하는 장소로 사용했다. 교태전 뒤쪽에는 황후가 사용했던 곤녕궁이 있다.

이화원

보통의 자금성을 관람할 때는 천안문이 있는 정문으로 들어갔다 후문으로 나와 인공산인 경산공원을 둘러보고 이화원으로 이동하는 경우가 많다. 이화원은 중국에서 가장 규모가 크고 보존이 잘 되어 있는 아름다운 황실 정원이다. 전체 면적의 3/4에 해당하는 2.97㎢가 호수일 정도로 그 규모가 엄청나다. 1988년 유네스코 지정 세계 문화유산으로 등

재된 이화원은 서태후의 여름 별장으로 더 유명하다. 이화원의 유네스코 세계문화유산 선정 기준으로는 동양 전체에서 정원 형태의 문화가 발전하는 데 중요한 역할을 할 수 있다는 것이었다. 청일 전쟁 중에도 전쟁 자금을 이화원을 꾸미는 데 썼다고 하니 서태후의 권력과 이화원에 대한 집착이 심했음을 알 수 있다. 끝없이 펼쳐진 호수 곤명호는 사람이 만들어 낸 인공 호수이며 그 흙을 쌓아 만들어진 산이 이화원을 둘러싼 만수산이다. 만수산의 화려한 누각에서 내려보고, 곤명호에서 배를 타고 유람하며, 또 긴 장랑을 따라 걸어 보는 것도 좋다. 우리는 너무 늦은 시간에 도착해 해가 지기 전 노을빛이 이화원 곳곳에 비치고 있어 사진에 모두 빛이 들어갔다. 근대 열강들의 침입 속에서도 이화원을 꾸미고 싶었던 그녀의 권력욕이 대단하기만 하다.

북경 최대의 번화가, 왕푸징(王府井) 거리

다시 버스를 타고 왕푸징 거리로 간다. 차를 주차할 곳이 마땅치 않아 조금은 거리가 떨어져 있는 곳에서 내려 이동을 한다. 왕푸징 거리는 북경시 최대 번화가로서 시 동편으로 길게 늘어서 있으며 백 년의 역사를 지닌 상점거리이다. 과거 황실의 저택이 있던 곳으로, 황실 우물이 있었는데 그 이름을 따서 왕푸징(王府井)이라고 불리게 되었다. 지금의 왕푸징은 베이징에서 가장

번화한 거리로, 쇼핑의 중심가로 거듭난 이래 한국의 명동과 비슷한 분위기를 자아낸다. 남북으로 800m에 이르는 도로는 차 없는 거리로 지정돼 여행자들이 대로 한복판을 마음 놓고 활보할 수 있다. 거리 양쪽으로 커다란 쇼핑몰과 백화점이 빽빽하게 들어차 있고, 그 사이사이로 역사가 오래된 상점들이 보인다. 취안쥐더, 거우부리, 둥라이순 등 중국 전통 음식점들도 늘어서 있다. 또한, 구석구석을 다니다 보면 대를 이어 전통을 살리고 있는 가게도 많이 있어 좋은 품질의 비단이나 차, 골동품 등을 살 수 있다. 실제 이곳은 청 건륭제 시대에 귀족과 고급관료의 저택이 있던 곳이며 왕푸징가와 동안문대가의 교차점에 우물의 위치가 청동 표식으로 남아 있다. 지하철역과 바로 연결된 쇼핑몰 동방신천지에는 중국과 홍콩의 최신 브랜드나 보석 등의 패션 제품들을 판매하며 영화관을 비롯한 오락시설과 음식점이 즐비해 구경할 것이 많다. 매일 밤 포장마차가 장사진을 치는데 이곳에서 베이징의 명물 꼬치 음식들이 많다. 입구에 보니 며칠 전 비가 왔는지 바닥에 물이 흥건히 고여 있다. 신발이 다소 젖어 먹거리 있는 곳으로 갔는데 중국 특유의 자극적인 냄새가 난다. 중국음식 들에 익숙하지 않은 우리는 눈으로 음식을 맛보고 돌아나왔다. 조금은 아쉽다.

중국 고대 신화 초대형 뮤지컬 금면왕조

패키지여행은 개인적으로 일정과 동선을 고민하지 않고 그냥 따라 다니기만 하면 되는 장점이 있다. 거기다가 시간을 고려한 일정으로 계획된 여행이기에 개인의 자유여행에 비해 짧은 시간에 많은 장소를 둘러볼 수도 있다. 그런데 여행이 끝나고 돌아와서는 자유 여행에 비해 그 중간 과정 하나하나가 생각이 나지 않는다. 이러한 장단점이 있기에 오늘 하루만 해도 벌써 여러 장소를 돌아다니고 베이징 덕까지 먹었는데 하루 일정이 더 있다. 베이징 시내도 교통 체증이 심한 편이라 차가 가다가 서곤 한다. 특히 평일 출퇴근 시간과 주말엔 더 하다. 금면왕조를 보기로 한 극장 근처에는 차를 세울 수 없어 더 먼 곳에 차를 세우고 걸어 간다.

베이징의 금면왕조는 상하이 송성가무쇼, 선젼 민속쇼와 함께 중국의 가장 대표적인 3대 뮤지컬이다. 시안 화청지의 장안가 공연도 유명하다. 그 중 금면왕조는 규모가 가장 크고 화려해서 베이징 여행에서 빠질 수 없는 필수코스로 손꼽힌다. 공연장은 북경 최초의 테마파크인 환러구 안에 있다. 2억 위안을 들여 최고의 설비와 규모, 장식으로 제작한 이 공연장은 금면왕조의 공연을 위해 지어졌다. 중국 내 유일하게 360도 회전하는 무대와 음향, 조명, 무용, 마술, 서커스 등 다양한 예술 형식이 혼합된 공연은 관객의 모든 감각기관을 자극하기에 충분하다. 특히 중국에서는 유일하게 무대에 500톤에 달하는 물이 쏟아져 내려와 홍수가 나는 장면을 재현함으로써 더욱 실감나는 공연을 만들어 준다. 2008년 IAAPPA(세계 테마파크 총회) 최우수상을 수상한 이 공연은 중국의 전설을 기초로 재구성한 대규모 무용 서사극이다. 중국의 전통미가 살아 있는 줄거리에 화려한 미국 라스베가스 쇼의 형식을 결합해 고전적 제재와 현대적 형식이 완벽한 조화를 이루고 있다. 공연 전 주의할 점을 이야기하는데 앞에서 보

던 관객들 중에 휴대폰을 들고 찍는 사람이 있었다. 커다란 조명을 이용해 그 사람을 비추고 휴대폰을 집어넣으라고 하고 있다. 이 넓은 극장에서 어떻게 봤을까 하는 생각이 든다. 드디어 공연이 시작되었다.

옛날에 여자들만 사는 금면왕국이 있었는데 금빛 가면을 쓴 왕이 나라를 다스리며 평화롭게 살고 있었다. 금면왕국의 이웃에는 남자들만 사는 남면왕국이 있었는데 어느 날 금면왕조를 침략하여 두 나라 간에 전쟁이 벌어진다. 하지만 금면은 전쟁을 승리로 이끌고 남면왕과 병사들은 포로가 된다. 남면왕은 금면여왕의 어진 정치와 착한 마음에 새 사람이 되어 병사와 함께 포로에서 풀려나고 금면왕조의 여왕과 남면왕조의 왕은 서로 사랑을 하게 된다. 그러던 어느 날 하늘의 재앙으로 큰 홍수가 발생한다. 재앙을 막기 위해 여왕은 신의 뜻대로 자신을 하늘에 제물로 바치기로 한다. 어찌 보면 뻔한 이야기이기도 하지만 무대에서 배우들의 연기 등에 나도 모르게 몰입하게 된다. 나중에 물이 쏟아질 때에는 감탄사가 나올 정도이다. 베이징에 와서 이 공연을 안 봤더라면 후회했을 것 같은 생각이 든다. 정말 잘 봤다. 아들의 표정을 다시 한번 쳐다보게 된다.

북경의 옛 거리 전문대가(前門大街)

우리가 머문 호텔은 베이징의 외곽에 있는 3성급의 호텔이다. 특별히 시설이 나쁘진 않지만 5성급의 호텔을 보다가 이 호텔을 보니 조금은 허름한 느낌이 든다. 객실에 와이파이가 안되고 로비에서만 된다. 이건 뭐지? 패키지 상품 중 그렇게 저렴한 것을 고르지 않았는데 조금은 황당하다. 지금은 중국에서 우리나라의 다음, 네이버 블로그, 페이스북, 인스타그램, 구글 등이 막혀 있지만 그때만 해도 인터넷이 잘 될 때였다. 중국이 하나의 중국을 표방하면서 소수 민족들의 독립을 탄압한 일들이 페이스북이나 트위터를 통해 외부에 알려지기 시작하면서 인터넷을 검열하기 시작했다. 위챗의 단체 대화방에서도 몇 십 명 이상의 대화방은 검열을 하고 있다는 이야기도 있다. 아침 조식을 먹고 로비에서 가이드와 오늘의 일정을 협의하고 버스에 올라탔다. 우리의 일행들은 20대 남녀 젊은 친구들 6명과 30대 혼자 온 직장인 남자 1명, 우리 가족 3명, 그리고 50대 초반의 부부 2명이다. 이런 다양한 사람들이 모여서 여행을 할 수 있는 것도 패키지여행의 매력이다.

베이징의 거대한 성문인 정양문 앞에 펼쳐진 거리 전문대가는 북경의 유명한 번화가이다. 명나라 황제가 출궁 시 이용하던 길이었던 이곳은 옛 북경의 모습을 완벽하게 보존하고 있는 지역 중 하나이며, 많은 상점들과 옛 전통 가옥이 조화를 이루고 있어 이색적인 볼거리를 제공한다. 다양한 기념품과 공예품 등을 구매할 수 있고, 전문대가를 가로 질러 운행하는 옛 전차도 만날 수 있어 수많은 여행객들이 찾는 필수 관광 코스이다. 사진을 찍고 긴 거리를 걸어본다. 우리나라의 삼성 휴대폰 체험부스도 있고 유명한 스타벅스 커피숍도 있다. 전통적인 색채 속에 현대의 모습이 보인다.

만리장성

우리 가족이 중국을 찾게 된 목적인 만리장성을 오늘 드디어 보러간다. 중국하면 우선 생각나는 것 중에 하나인 만리장성은 지구촌에 건설된 수많은 인공 구조물 가운데 가장 큰 규모를 자랑하는 거대한 성이다. 험준한 산과 협곡은 물론이고 사막까지 이어진 거대한 만리장성은 황해와 가까운 동쪽 산하이관에서 서쪽으로 간쑤성 자위관이란 곳까지 약 3,000km가 보존되어 있다. 그 후 청나라에 이르러 영토가 확장되면서 중국 영토 서쪽 끝은 자위관에서 서쪽으로 더 이동을 하게 된다. 중국에서는 옛날부터 지금까지 대규모 성을 장성이라고 부르기 때문에 만리장성도 그냥 장성이라고 부른다. 중국에는 최초의 국가인 은나라 때 이미 성을 쌓고 도시를 지은 흔적이 여러 곳에 남아 있다. 나라를 지키기 위해 세운 최초의 장성은 춘추 시대인 기원전 657년 초나라에서 세운 장성이다. 기원전 4세기 때는 초, 연, 진, 한, 조, 위, 제나라에서도 잇따라 장성을 건설한다. 오늘날 만리장성으로 불리는 곳 중에는 이때 건설한 장성도 일부 포함되어 있다. 기원전 221년 한, 위, 조, 연, 제, 초나라를 멸망시키고 중국 역사상 최초로 통일 국가를 세운 진나라 시황제는 새로운 국가들이 생기는 것을 막기 위해 기존의 방어 시설을 많이 파괴했다. 그런 다음 흉노족을 방어할 목적으로 북방 지역에 거대한 장성을 연결하도록 명령했다. 기원전 215년 진시황제의 명령으로 시작된 장성 건설은 10년이 넘는 기간 동안 계속되었는데, 언제 공사가 끝났는지에 대해서는 정확하게 알려지지 않았다. 전해 내려오는 이야기에 따르면 군사와 백성을 합해 약 30만 명의 사람들이 만리장성 건설에 동원되었다고 한다. 만리장성에 대한 자료 가운데 가장 믿을 수 있는 것은 사마천의 사기이다. 사기에는 동쪽에서 서쪽 끝까지 건설된 장성의 길이가 '만여 리'라고 기록되어 있다. 실제 이 구간은 4,050km로 중국의 거리 단위로 따지면 만리가 조금 넘는다. 처음에 장성은 돌이 풍부한 일부 지역을 제외하고는 대부분 흙을 다지거나 흙으로 만든 벽돌로 건축했다. 흙으로 지은 까닭에 시간이 지나면서 방어용 기능이 점점 사라지게 된다. 진시황제 때 건설된 장성은 대부분 파괴되어 여러 곳에 그 흔적만 조금씩 남아 있다. 진나라 때 건설된 만리장성은 한나라 때 고치고 덧붙여 짓는 작업이 이루어진다. 흉노족의 침략이 계속되자 한나라 무제가 만리장성을 짓기 시작한다. 이때 지어진 성은 진나라 때 지은 성에 비해 훨씬 견고하고 영역도 서쪽으로 더 연장되었다. 그리고 진나라 때는 없었던 지휘소와 봉화대 같은 군사 시설이 보강되었다. 한나라 이후에도 북위와 수, 요, 금나라 등에서도 장성을 복원하고 늘려 지었다. 오늘날의 만리장성은 대부분 명나라 때 건설된 것이다. 원나라 몽고족을 물리치고 명나라를 세운 주원장은 또다시 몽고족이 침입이 있을까 늘 두려워하였다. 명나라 최초의 황제인 홍무제(주원장)는 왕위에 오른 첫해인 1368년 대대적인 공사를 시작했다. 훗날 명나라의 수도가 된 지금의 베이징 인근 바다링을 시작으로 허베이성에 이르기까지 거대

한 장성을 고치고 늘려 지었다. 또한 3,000개가 넘는 봉화대와 주요 거점지의 망루, 마차가 달릴 수 있는 넓은 도로도 명나라 때 지어졌다. 중국에 있는 성곽에 올라가면 그 폭이 굉장히 넓다. 어느 곳에서는 성곽 위에서 마라톤을 하는 경우도 있고 자전거를 빌려주는 곳이 있어 자전거를 타게 하는 경우도 있다. 만리장성 공사는 이후 여러 황제에 의해 계속되었는데 정덕제 때 다시 대규모 공사가 진행되었다. 오늘날 우리들이 볼 수 있는 만리장성은 17세기에 완성된 것이다. 최종적으로 모습을 드러낸 만리장성은 총 길이가 6,350km나 된다. 물론 총 길이는 2~3중으로 된 장성의 길이를 모두 합한 것이다. 분명한 것은 만 리가 훨씬 넘는 1만 6,000리나 된다는 것이다. 베이징 시내에서 외곽으로 40분 정도 버스를 타고 이동을 하다보면 산기슭으로 장성이 보인다. 오기 전에 가이드가 패키지 일행에게 옵션에 대해 설명을 해주었다. 걸어서 만리장성을 걸어갈지 아니면 케이블카를 타고 이동을 할지에 대해서다. 아들은 끝까지 가지 않더라도 장성의 일부를 걷고 싶었던 듯하다. 그런데 일행 모두가 케이블카를 타고 이동을 한다고 해서 다니기가 걷기가 다소 어려운 상황이다. 패키지여행의 단점이다. 줄을 서서 케이블카를 타고 만리장성 끝으로 올라갔다. 장성의 모습을 아들에게 보여주고 가족들과 사진에도 멋있게 담고 싶었다. 그런데 막상 올라가서 본 모습은 많은 사람들로 붐벼 사진 찍기도 어려웠고 장성에서 담배 피는 사람들, 벽 윗부분에 올라가는 사람들, 벽을 뛰어 넘는 사람들로 장성의 여러 부분이 오염이 되고 벽돌 부분도 많이 훼손되어 있었다. 뉴스에서 봤던 만리장성의 벽돌부분을 몰래 가지고 가는 사람들도 있는 듯하다. 이렇게 대단한 문화유산인데 조금만 더 관리를 했으면 좋겠다는 생각이 든다. 요즘에는 정부에서

문화재에 대한 관리를 엄격하게 하는 것으로 알려져 있다. 그리고 고북수진과 사마대장성 인근에서 1박을 하고 한가하면서 조용한 만리장성과 야경을 보는 코스가 인기가 많다. 베이징을 다시 가볼 때는 꼭 고복수진을 방문할 예정이다. 어쨌든 지구상 新세계 7대 불가사의중 하나인 만리장성을 사랑하는 가족과 함께 지켜보았다는 것만으로도 내 인생에 중요한 날이 된 것 같다.

용경협

만리장성의 벅찬 감정을 가슴에 안고 인근에 가서 점심을 먹었다. 중국식 음식과 함께 중국식 짜장면을 먹었다. 우리나라 짜장면과는 다르게 볶은 춘장에 그냥 비벼 먹는 맛이라 짠맛이 강하다. 란저우 지역의 짜장면은 맛있다고 들었는데 영 입맛에 맞지가 않았다. 어쨌든 배를 채우고 다음 장소로 이동하는가 싶은데 가이드가 새로운 옵션을 제안한다. 인근에 용경협이라는 관광지가 있는데 꼭 보는 것이 좋을 것 같다는 것이다. 와이프는 만리장성 케이블카를 제안할 때부터 맘에 들어 하지 않았는데 가이드의 이런 태도들에 기분이 상해 있다. 패키지 일행에서 우리 말고는 모두가 새로운 옵션인 용경협에 가는 것을 찬성한다. 이왕 즐겁게 여행을 온 것이기에 와이프를 설득하여 옵션에 동참하기로 하였다.

베이징 시내에서 80㎞ 떨어져 있는 용경협은 국가 AAAA급 관광지로 베이징시 풍경 명승지이며, 중국과 홍콩이 합작으로 만든 인공호수이다. 1987년에 개방되었으며, 현재까지 방문한 관광객 수가 약 80만 명에 이른다. 북경의 16 명소 중의 한 곳으로, 전체 면적은 119㎢이며, 주요 명소는

70m 높이의 콘크리트 댐을 가지고 있다. 중국 북방 지역에서는 최대 규모를 지니고 있으며 이 곳을 여행하는 관광객들은 여름에는 폭포, 겨울에는 얼어붙은 폭포를 볼 수 있다. 7㎞ 길이의 배를 타고 하는 유람은 또 하나의 절경을 연출한다. 에스컬레이터에서 나와 산길을 따라 조금 걸으면 10분 간격으로 유람선이 대기하고 있는데 이 배를 타고 진강사와 같은 역사적 장소들도 구경할 수 있다. 강은 절벽 측면을 따라 흐르며, 관광객들은 깎아내릴 듯한 절벽 등 30여 가지의 절경을 즐길 수 있다. 용경협의 유람선이 절경을 잘 보라고 배위에 지붕이 없단다. 용경협으로 이동하기 위해서는 용의 배속으로 들어가야 하는데 거대한 콘크리트 댐과 그 옆으로 용 모양의 구조물이 확인된다. 어마어마한 댐의 높이와 용모양의 외관을 한 에스컬레이터가 넘 신기해서 자꾸 눈이 간다. 댐 상부로 올라서고 그곳에서 배를 타고 돌아보는 코스가 있다. 배가 있는 선착장으로 이동하자마자 바로 출발한다. 쉴새 없이 펼쳐지는 절벽들의 모습에 조금은 놀라고 댐으로 만들어진 인공호수의 규모와 계곡사이의 웅장함에 산세가 완전 장관이다. 유람선을 타고 지나가다 보니 양 옆 절벽 사이에 긴 줄을 걸어놓고 줄타기를 하는 사람들이 있다. 신기해서 소리 질러 손을 흔들었더니 줄을

타고 지나가다 손을 흔들어 준다. 중국 강남의 절경인 구이린(계림)을 연상시킨다고 하여 소계림 또는 삼협을 닮았다 하여 소삼협이라고도 불리는 이 곳 용경협은 좁은 계곡을 막은 댐으로 생긴 저수지를 유람선을 타고 아름

다운 절경을 감상할 수 있는 곳이다. 원해서 온 것은 아니지만 더운 날씨에 시원한 바람과 절경을 볼 수 있어서 좋았다. 우연히 발견한 이곳 추천하고 싶은 곳이다.

올림픽 주경기장

마지막 날 베이징 올림픽이 열렸던 주경기장을 버스에서 보고 발마사지를 받으러 가기로 하였다. 북경 북쪽의 낮은 평원에 우뚝 솟아오른 북경 국립 경기장의 색다른 모습은, 자금성 중심을 가로질러 길게 뻗는 유명한 북쪽–남쪽의 축 위에 이정표로 떠오르면서 이미 도시의 모습을 변화시켰다. 경기장은 마치 지면에서 솟구쳐 오르는 자연물처럼 보인다. 엄청난 규모의 강철 기둥과 버팀목으로 이루어진 건물의 몸체는 끝없이 이어지는 가지들이 땅에서 솟아올라 건물의 상부에서 꺾어져 거대한 지붕으로 맞물려 드는 듯하다. 이 건물은 이제까지 중국에서 볼 수 없었던, 그리고 세계 어느 곳에서도 거의 필적할 수 없었던 건축물이다.

중국인들에게 이 건물은 '새 둥지'라고 알려져 있으며, 중국답게 광대한 규모를 지니고 있고 기술적으로나 예술적으로나 특수성을 가지고 있다. 가장 눈에 띄는 특성은 견고한 외벽도, 막으로 된 벽도 없다는 사실이다. 그 대신, 숲처럼 늘어선 기둥이 내부도 아니고 외부도 아닌 잠정적인 공간을 만들어 내며, 건축물다운 특성이 강조되면서도 단일한 덩어리 같은 모습이 되지 않는 데에 일조한다. 강철은 육중하면서도 위협적일 정도의 움직임을 내비춘다.

경기장 주변 지역은 경기장을 중심으로 순환하도록 구성되어 있으며,

도심 공원의 아래에는 입구와 미디어실, 상점이 들어선 지하층이 자리 잡고 있다. 내부의 원형 콘크리트 경기장은 9만 1천 석이다. 색채의 사용은 매우 제한되어 있는데, 강철은 은빛으로, 좌석과 원형 경기장 바깥면은 눈부신 빨간색으로, 내부 요소는 무광의 검은색으로 되어 있다. 이 건물은 훌륭한 경기장일뿐 아니라 아이디어를 가미한 예술 건축물이기도 하다.

두 번째로 중국을 방문하며

다시 중국에 오게 될 줄은 전혀 몰랐다. 10년 만에 다시 본 중국의 수도는 그들 특유의 웅장함과 더불어 세련됨을 더하고 있었다. 아직도 자금성의 거대함을 봤을 때 감흥은 잊혀지지가 않는다. 괜히 대륙이고 괜히 중국이 아니다. 많은 인구와 큰 영토, 그리고 오랫동안 내려온 그들의 역사 문화와 함께 앞으로의 많은 가능성을 내포하고 있는 것 같다. 앞으로도 다시 이곳에 올지는 모르겠지만 다시 왔을 때는 또 많은 것들이 변모해 있을 것 같다는 생각이 든다. 나도 모르게 기대가 된다.

제 2 부

보고 만지고 느끼는 중국 이야기

03장

청나라의 수도 선양(沈阳)

혼자 힘으로 해보는 첫 중국 여행

중국에 온 지 어느덧 50일이 지나간다. 여행이 아니고 생활을 위해 이곳에 왔기에 임하는 자세가 조금은 달라진다. 새로운 것들을 접할 때 좋고 싫음으로 평가하기 보단 받아들이고 익숙해지려는 노력을 하려 한다. 그래도 낯설긴 낯설다. 가장으로서는 이렇게 낯설은 환경에서 잘 적응해 주고 있는 가족에게 감사함을 느낄 뿐이다.

4월 5일 단오절은 중국에 와서 처음으로 맞이하는 공휴일이다. 중국의 명절은 우리나라와 비슷하다. 그 기원이 중국으로부터 온 것도 꽤 많다. 춘절(설날), 원소절(정월 대보름), 단오절, 중추절(추석) 등이 그렇다. 그러고 보면 지리상으로 가까워 문화적으로도 서로 영향을 주고받았다는 것이 괜한 말은 아닌 듯싶다. 기록에도 나와 있지만 실제 와서 이들의 생활하는 모습들을 보면 그렇다.

교사에게는 가장 힘들다는 3월을 낯선 땅에서 보냈기에 쉬고 싶은 생각도 있었지만 이곳에 와 있는 동안 최대한 많은 곳을 눈으로 확인하고 싶었기에 첫 행선지로 어느 곳에 갈까에 대한 고민이 많았다. 일단 중국어 소통이 안 될 뿐만 아니라 중국은 영어를 잘 사용하지 않아 간단한 영어로도 소통이 안된다. 그렇기에 위험한 상황에 가족들을 있게 할 수가 없어 조금은 큰 도시로 가볼 생각이다. 함께 근무하는 선생님으로부터 중국의 행정구역상 내가 위치하고 있는 랴오닝성의 성도 선양(심양)에 가보는 것을 추천 받았다. 내가 살고 있는 곳의 성도이며 도시로서 번화해 있고 역사 문화재도 적당히 있는 곳이다. 오기 전에 사왔던 중국관련 여행 책과 인터넷 검색을 통해 첫 중국여행 계획을 세워 나갔다.

중국의 고속열차

내가 있는 다롄에서 선양까지의 거리는 390.2km다. 서울에서 부산까지의 거리 보다 조금 가까운 셈이다. 랴오닝성의 크기가 대한민국 남한의 크기만 하다. 괜히 중국이 아니다. 이렇기에 자동차로 이동을 하는 데에도 많은 시간이 걸린다. 선양에 공항이 있나 찾아봤더니 공항이 있다. 그럼 비행기로 가야겠네. 한국에서 광주나 부산까지 비행기로 갔던 기억이 난다. 신문 받아 읽으며 음료수 하나 먹으면 닿을 시간. 동료 선생님께 물어보니 고속열차로 가는 것도 추천을 한다. 한국에서 KTX를 타봤던 기억이 나지만 중국에 고속열차? 지저분한 거 아닌가? 갸우뚱 거렸으나...

중국은 고속열차의 나라였다. 전 세계 고속열차의 50% 이상이 중국에 있다. 중국에서 고속열차가 개통된 것은 2008 베이징 올림픽이 열리기 전 베이징과 톈진 구간이었다. 우리나라의 KTX가 2004년에 개통이 된 것을 보면 다른 나라에 비해 조금은 늦게 개통이 된 셈이다. 현재 중국의 고속철 보유량은 1300여 편으로 세계 최다를 자랑한다. 열차 시속은 200km~350km로 다양하며 종류 또한 많다. 2025년까지 3만 8천 km의 고속철이 깔릴 예정이다. 중국에서 산지지역이 많은 북서부 지역을 제외하면 곳곳에 거미줄처럼 고속철이 깔려 있다.

중국에서 고속철이 발달할 수밖에 없는 이유는 인구가 많기 때문이다. 호주처럼 땅이 넓고 인구가 많지 않은 경우에는 고속철은 경제성이 떨어진다. 인도처럼 인구는 많지만 경제력이 뒷받침 되지 않으면 이용할 사람이 없는 것이다. 중국은 인구도 많고 경제력도 받쳐주는 유일한 나라인 것이다. 고속철이 생기면서 중국의 오지까지 발전의 계기를 맞이하고 있다.

중국에서 열차표를 사기 위해서는 여러 가지 방법이 있다. 직접 역에 가서 사는 방법, 인터넷 또는 스마트 폰으로 예약하고 나중에 역에 가서 수령하는 방법, 그리고 대행사를 통해 일정금액을 수수료로 주고 표를 수령하는 방법이 있다. 인터넷 검색을 해보니 씨트립이라는 스마트 폰 앱을 통해 간편히 예약이 가능했다. 한글도 지원이 되어 신용카드를 등록을 하면 손쉽게 예약을 할 수가 있다. 고속열차 종류로는 시속 300km이상으로 달리는 편명이 G로 시작되는 高铁(까오티에), 편명이 D로 시작되는 200km대로 달리는 动车(똥쳐) 등이 있는데 시설이 깔끔하고 잘 되어 있다.

스마트폰 앱으로 고속열차를 선양까지 왕복으로 예매하였다. 그런데 걱정되는 것은 휴대폰 예매 내역을 보여준 후 탑승할 수 있는 것이 아니라 실물 티켓을 받아야 한다. 중국 사람들은 자동 발권기를 통해 표를 받을 수 있지만 외국인들은 창구에 신분증인 여권을 보여주고 표를 수령할 수 있다. 그러고 보니 지하철로 다롄역을 가는게 편하다고 생각하여 다롄역 발 티켓을 끊었는데 다른 선생님들에게 물어보니 다롄북역이 훨씬 가깝다고 한다. 소심한 마음에 표를 취소하고 다시 끊으려 했으나 그냥 다롄역에서 출발하기로 하고 긴장되는 마음을 다부지게(?) 먹었다.

랴오닝성의 성도 선양(심양)

드디어 여행을 떠나는 날, 어제 밤 여행 책과 검색을 통해 여행 경로 등을 완벽하게 짜본다고 했지만 그래도 걱정이 된다. 여행을 계획할 때 가족 모두와 공유하며 세우는 것이 아니고 보통은 혼자 계획을 세운 후 가족들과 공유할 때가 많다. 전자가 좋다는 것은 알지만 매번 효율성의 문제라고 생각을 하면서 후자를 선택할 때가 많다. 집 근처에서 버스를 타고 인근 지상 지하철역인 개발구 역에가서 다시 다롄역으로 가는 지하철을 타는 계획이다. 버스 정거장에서 학교 원어민 선생님이신 요한 선생님을 만났다. 잘 못하는 영어지만 처음으로 여행을 가는데 다롄역으로 가야 된다고 말씀을 드렸더니 친절하게 역까지 함께 내려 지하철 표 사는 방법 및 간단한 중국어까지 알려주신다. 너무나 감사하다는 말씀을 드리고서 지하철을 타고 다롄역으로 향하였다. 우리가 탄 다롄의 전철은 지상선으로만 이어지는 3호선으로 다롄역에서 진스탄이라는 관광지까지 연결이 되어 있다. 서울과 인천을 잇는 국철 지하철 1호선 느낌이다. 지하철 안에는 중국어, 영어, 한국어, 일본어로 방송을 해준다. 낯익은 한글과 한국말이 너무나 반갑다. 창문

밖으로 다롄의 외곽에서 중심부로 들어가는 길이 보인다. 다롄 전철역에서 내려 고속열차가 달리는 다롄 역사로 향하였다. 다롄역 1층 표를 파는 창구에서 표를 받으려고 보니 생각보다 한산하다. 보통은 사람들로 붐빈다고 많이 들었는데 한산해서 우리의 용건을 해결할 수 있었다. 아침부터 서두르느라 식사를 못해 출출했던 우리는 역 앞의 KFC 매장에서 햄버거를 먹었다. 그렇게 크게 보이지 않는 다롄역 2층으로 올라갔더니 중국의 기차역이 웬만한 지역의 공항보다 크다는 말이 실감이 난다. 다롄북역은 다롄역보다 더 크다고 하는데... 역 대합실은 각 기차가 출발하는 승차장 입구에 위치하고 있고 기차를 기다리는 사람들은 대규모로 설치된 안마의자에 모두 편하게 앉아 있다. 출발시간이 되어 선양행 기차를 타는 플랫폼으로 내려가 기차를 탄다. 한국의 KTX는 기차의 위치가 높아 기차의 계단에 올라가서 좌석으로 들어가는데 이곳은 기차와 플랫폼의 높이가 같다. 시설이 깔끔하게 잘 되어 있다. 정면을 바라보고 왼쪽으로는 2좌석, 오른쪽으로는 3좌석이 있는 구조이다. 우리는 3좌석이 연달아 있는 좌석을 선택했기에 가족 3명이 나란히 앉아서 간식거리를 먹으며 중국의 고속열차를 몸으로 느껴보았다. 손살 같이 달리는 고속열

차 밖의 모습을 보니 이렇게 큰 땅의 곳곳을 어떻게 인식했고 개발을 시킬 수 있었을까 신기한 생각이 든다. 베이징에 처음 갔을 때 자금성을 본 후 느꼈던 것처럼 크기 면에서 우리나라의 그것과는 비교가 안되겠구나라는 생각이 든다. 크다고 무조건 좋은 것은 아니지만 나름의 특성과 살고 있는 사람들의 인식이 달라질 수 있다는 생각이 든다. 다음 여정을 어떻게 해야 할지를 생각하다 보니 랴오닝성의 성도인 선양역에 도착하였다.

선양(심양)은 랴오닝성의 성도이자 동북 3성에서 가장 큰 도시이다. 베이징, 톈진, 다롄, 하얼빈 등과 제법 떨어져 있지만 교통이 발달하여 일일생활권에 속한다. 한때 고구려 땅이었던 선양은 발해의 멸망 이후 중국 영토가 되었다. 1625년 만주족의 누르하치가 후금을 세워 선양을 수도로 삼으면서, 1644년 후금이 청나라로 국호를 바꾸고 베이징으로 천도하기까지 최고의 번영을 누린 도시였다. 19세기말 선양을 정복한 러시아인들에 의해 처음 시작된 산업화는 러일전쟁(1904-1905)에서 일본이 승리한 뒤 일본인의 손에 의해 지속적으로 진행되었다. 선양을 차지한 사람들은 일본(1931), 러시아(1945), 국민당(1946), 공산당(1948) 등으로, 선양은 돌아가면서 전쟁에 이긴 군인들에게 지배를 당하는 상황이 되었고 2차 세계대전 말기에는 산업 시설들이 약탈당했다. 선양은 대부분 지역이 사회주의 도시계획에 따라 불규칙하게 뻗어 있다. 하지만 최근에는 도시를 아름답게 가꾸려는 노력을 기울여, 중제(中街)같은 보행자 전용 거리를 만들어 놓았으며 잘 보존된 만주 시대 유적도 있다. 어느새 선양역에 도착하였다. 첫 일정이 시작된다고 생각하니 가슴이 뛴다. 일단 선양역 앞에서 가족들과 사진을 찍고 바이두 지도를 켠 후 역 근처의 숙소를 찾아 나섰다.

타위위안제

역 앞에는 무장을 한 경찰들과 장갑차들이 있다. 조금은 살벌하지만 중국에 와서는 워낙 자주 봤기 때문에 조심하면서 숙소로 향했다. 정치적으로는 공산주의를 표방하지만 경제적으로는 개방과 개혁을 추구하기 때문에 중국의 대부분 도시 곳곳을 보면 한국의 대도시보다 번화한 곳들이 많다. 역에서 길을 건너 반대편을 보니 양옆 건물들이 대부분 대형 백화점이다. 월마트, 까르프, 커다랗게 보이는 삼성로고와 한국 배우들이 입고 있는 아웃도어 대형 광고판, 그리고 많은 백화점들... 중국이지만 중국이 아닌 듯한 느낌? 조금만 더 걸어가니 다이소의 중국판 브랜드인 대

형 미니소가 보인다. 길 입구에 태원가라고 한자로 크게 적혀 있어 사람들이 기념 사진을 찍는다. 숙소가 번화가 옆에 바로 있어 체크인을 하고 들어갔더니 아파트형 호텔인데우리 가족 3명이 사용하기엔 굉장히 큰 편이다. 스마트폰으로 미리 예약을 해서 모든 호텔비가 지급이 되었다. 하지만 한국에서 미니바 사용후 지급 등을 위해 신용카드로 체크해놓는 것처럼 야진이라 해서 보증금을 냈다가 체크 아웃할 때 찾아가야 했다. 중국의 다른 호텔에서는 야진을 내지 않는 경우도 있다. 다시 나온 태원가는 선양역 근처에 위치한 보행가로, 명동과 동대문을 반씩 섞어 놓은 듯한 분위기이다. 각종 생활용품과 액세서리를 판매하는 노점도 있고, 쇼핑몰인 완다 광장(万达广场)이 압도적인 규모로 들어서 있다. 중국에는 광장(广场)은 우리가 알고 있는 커다란 광장을 뜻하기도 하지만 대형 상가도 광장이라고 한다. 그래서 중국의 도시 곳곳에는 광장들이 꽤 많다. 특히 부동산 회사로 유명한 완다는 중국 전역에 완다 광장을 많이 세워 놓았다. 내가 지내고 있는 다롄도 완다 광장이 몇 개 있는 것으로 알고 있다. 우리나라의 명동과 마찬가지로 태원가는 선양의 20~30대가 주요 고객이며, 지하상가인 신천지(新天地, 신톈디)도 인기다. 4월초 아직은 날씨가 춥기 때문에 사람들이 지하로도 많이 다닌다. 신천지에서는 중국의 유명한 패션들을 볼 수 있다고 한다. 택시비 기본요금이 10위안인 경우가 대부분이지만 이곳 선양은 택시비가

8위안이다. 택시를 잡아타고 오늘의 처음이자 마지막 일정인 고궁을 찾아갔다.

청나라의 흔적 고궁

택시를 타고 고궁으로 향하였다. 20~30분쯤 타고 가다가 바이두 지도를 보니 얼추 가까이 온 것 같다. 바로 앞으로 보이는 페루 모양의 건축물이 보인다. 여기인가 물어보니 더 들어가야 한다고 한다. 100m 앞쪽으로 커다란 건물이 보이는 것 같은데 그 사이 길이 차로 막혀 앞으로 가지 못하고 있다. 내려 걷는 것도 괜찮은 것 같아서 내려달라는 말을 하려다가 그냥 고궁의 입구까지 가서 내렸다. 고궁 입구 앞은 사람들로 가득하다. 입장권을 위챗으로 구입하여 입구로 들어갔다. 중국에서는 위챗 메신저를 통해 은행계좌와 연동하여 지불수단으로 사용할 수가 있다.

청나라 초기의 궁전인 선양 고궁(沈阳故宫, 선양 구궁)은 베이징의 자금성과 함께 세계 문화유산에 등재되어 있으며, 선양 최고의 관광명소로 꼽힌다. 바로 인근에는 시안 사변을 일으켰던 장쉐량(张学良)의 저택인 장씨수부(张氏帅府)가 있다. 1636년 청 태종 홍타이지는 한위(汗位)를 버리고 황제로서의 즉위식을 고궁에서 행했다. 청이 산하이관을 넘어 베이징을 점령한 이후에 청의 수도는 베이징으로 옮겨갔으며 선양은 황제가 동북 지방을 순회할 때 머무르는 곳이 되었다. 규모는 자

금성의 1/13이며 2004년 UNESCO 세계유산인 베이징 고궁에 추가하여 명청황가궁전으로 확대 등재되었다. 고궁(古宮)은 외관상으로는 북경 자금성의 축소판으로 보이지만 비교도 안 될 만큼 작은 규모이며 만주식 건물의 특징을 지니고 있다. 건축은 누르하치 시절에 시작하였으나 1636년 그의 아들 홍타이지 때에 완성되었다.

선양 고궁은 크게 서로, 중로, 동로 세 구역으로 나누어진다. 동로는 누르하치 시대부터 건립된 곳이고, 중로는 청 태종, 그리고 동로는 베이징 천도 이후 지어진 곳이다. 동로에서는 파격적인 만주식 건축이 눈에 띄며, 중로에서는 만주식과 중국식의 혼합, 그리고 서로에서는 만주식보다는 중국식이 강한 건축 양식을 엿볼 수 있다. 대청문을 들어가면 중로의 숭정전이 바로 눈에 띈다. 우측은 누르하치, 중앙부분은 홍타이지, 좌측은 강희제의 그림이 순차적으로 보인다. 크기는 베이징의 고궁보다는 훨씬 작고 아담하지만 건물의 장식들은 만주족의 느낌이 아주 강해 자금성보다 훨씬 더 강렬하고 에너지가 넘친다. 황제의 집무 공간 현판에는 자금성에 적혀 있는 正大光明과 마찬가지로 적혀 있으며 한자와 만주어가 병기되어 있다. 선양고궁 한 켠에는 당대의 문방사우들과 황제의 글씨를 전시해 두고 있다. 북경으로 천도한 이후에도 청의 황제들이 계속 이곳을 찾았기 때문에 선양에도 남아있는 황실 유물이 많다.

청의 황제들은 만주어와 중국어(만다린), 유학, 기마술, 무술에 모두 뛰어났어야 했다. 실제로 청의 초대 두 황제인 누르하치와 홍타이지는 직접 나서서 군대를 지휘했고 전쟁에서 입은 상처로 사망했다. 이들에게는 만다린을 완벽하게 구사하고 유교 철학을 통달하는 것도 중요했다. 소수민족인 만주족이 다수 민족인 한족을 통치하는 정당성을 확보하려면, 모든 면에서 한족보다 뛰어나야 했기 때문이고, 한족이 인정할 수 있는 교양과 식견을 갖춰야 하기 때문이다. 이민족으로 다수의 한족을 다스려야 하는 점들이 우월적인 면도 있겠지만 나름대로의 불안함과 스트레스가 있었겠다는 생각이 든다.

조선은 명을 따르고 청을 오랑캐라고 하여 배척하다가 50만 명의 포로가 잡혀가고 조선의 국토가 쑥대밭이 되었던 해인 1636년 4월에 청 태종 홍타이지는 대정전에서 황제 즉위식을 거행했다. 다른 외국 사신들은 황제에 대한 예를 갖추며 무릎을 꿇었다는데 조선 사신들은 황제란 명의 황제밖에 있을 수 없다 하여 끝까지 무릎을 꿇지 않았다고 한다. 청의 신하들은 조선 사신들의 행동을 무례하다 하여 목을 베자 하였으나, 산하이관을 넘어 명을 공격할 때 후방에서 조선이 공격할 것을 두려워 한 태종은 불필요한 충돌은 없어야 된다고 생각해 그러지 않았다고 한다.

조선 사신을 달래서 칙서를 주어 조선으로 보냈는데, 명에 대한 사대주의로 가득 찼던 조선 사신은 여관에 잃어버리고 왔다는 핑계로 다른 종이에 옮겨 써서 전했다고 한다. 그러나 결국 그 해 조선은 청에게 삼전도의 굴욕을 당하고 청 태종에게 항복했다. 남한산성에서 항전하다가 청 태종 앞에서 무릎을 꿇고 머리를 조아렸던 인조 임금, 그리고 볼모로 잡혀갔던 봉림대군, 봉림대군과 청나라와의 관계를 불안해 하던 인조 임금 그리고 그 뒷이야기들... 역사는 알면 알수록 신기하고 그때의 판단이 바뀌었다면 또 어떤 일들로 역사가 달라졌을까?라는 생각이 든다. 그 역사적 장소였던 청나라 수도 고궁에서 우리의 역사를 상상해본다.

장씨수부

원나라를 멸망시킨 명나라의 태조 주원장은 수도를 난징으로 세웠다. 그래서 난징에는 명나라 황제의 무덤과 고궁터가 있다. 그 후 수도를 다시 베이징으로 천도하였다. 명나라를 멸망시키고 수도를 선양에 세운 청나라도 결국 수도를 다시 베이징으로 옮기게 된다. 후에 북부 군벌의 세력을 물리치고 통일시킨 국민당의 장제스도 중화민국의 수도를 난징으로 세웠지만 후에 국민당을 몰아낸 마오쩌둥이 결국 중화인민공화국의 수도를 베이징으로 정한다. 오랫동안 한 나라의 도읍이었던 곳은 나름의 이유가 있는 듯하다. 책과 이야기로만 들었던 중국의 역사와 관련된 장소를 방문하면서 나를 그 현장에 있던 사람으로 대입시켜 생각해보게 된다. 어떤 마음이었을까? 어떻게 판단하고 행동했을까? 그러지 않았다면 역사는 또 어떻게 달라졌을까?

청나라 고궁에서 나와 인근의 장씨수부로 걸어간다. 관광지임에도 일반 동네 같은 느낌이다. 미용실, 과일가게, 우리나라의 김밥천국 같은 느낌의 우육면 집... 과일가게에서 한라봉을 몇 개 샀다. 가격과 맛이 생각보다 괜찮다. 장씨수부 앞에서 티켓을 산 후 입장을 했다. 표 3장을 구입하는데 아들이 학생인 것을 보고 반값으로 할인을 해준다. 중국의 유적지 대부분은 학생증을 제시하면 성인 입장권의 절반 가격으로 입장을 할 수 있다. 하지만 아직 학생증을 발급받지 못해서 제시하지 않았는데 알아서 보고 할인해준다. 그후부터는 학생증 소지여부를 떠나서 티켓을 끊을 때 먼저 말을 해본다. 안되면 어쩔 수 없고...

중국 동북지역은 일본과 러시아 침입의 영향을 많이 받은 곳이다. 중국 본토가 군벌세력들의 각축장이 되었던 때 장쭤린(张作霖)과 그의 아들 장쉐량(张学良)은 동북지역 최대의 군벌로서 지역 사람들의 지지를 많이 받는 편이었다. 후에 국민당과 공산당과의 내전이 벌어질 때도 공산당이 승리하는 데 결정적인 역할을 했던 곳이 동북지역이다. 북방 봉천 군벌의 수장이었던 장쭤린은 친일파로 일본과 협력하였다. 이후 일본이 만주를 침략하기 위하여 짱쭤린이 탄 기차를 폭파시킨다. 아버지를 죽인 일본을 적으로 두게 된 장쉐량은 중국 국민당 정부와 손을 잡게 된다. 장씨수부는 군벌인 장쭤린과 장쉐량의 관저이자 사택이다. 면적은 3만 6천m²로 1914년 처음 건립된 후 계속 증축하여 내부는 동원, 중원, 서원으로 나뉜다. 정문이 있는 중원에는 3개의 건물이 있는데 첫

번째 건물에는 장쉐량의 아이들이 등교할 때 타던 마차가 있다. 양쪽에 장씨 가족의 재정을 관리했던 내장방과 손님을 맞이하는 승계처가 있다. 또 다른 건물에는 장줘린의 부인이 살았던 건물이 있다. 여기에 오기 전까지 장씨수부를 왜 가야 하나라는 생각이 들었지만 알고 보니 장쉐량은 중국의 근대 역사에 영향을 미쳤던 인물이다. 장쉐량은 시안사변 이후 감금을 당하다가 2001년 하와이에서 사망하였다. 공산당 군대를 토벌하던 장쉐량을 격려하기 위해 장제스가 시안을 찾아왔다. 장쉐량은 국공합작을 통해 먼저 일본을 몰아내자고 주장하며 장제스를 감금했는데 이 사건을 시안사변이라고 한다. 장제스와 국민당은 공산당을 몰아내는 국내의 일을 먼저 해결하고 외부세력을 몰아내자는 정책을 펼쳐 일본의 침략으로부터 고통을 받는 국민들의 원성을 사기도 했다. 이 사건을 계기로 공산당과 국민당 사이에 2차 국공 합작이 이루어진다. 중국과 타이완이 장쉐량을 바라보는 시각은 다르다. 공산당의 군대를 소멸시키기 직전까지 갔다가 시안사변으로 인해 기사회생하게 만들고 결국에는 본토까지 내어주게 만든 장쉐량을 타이완의 장제스와 국민당 입장에서는 좋게만 볼 수가 없다. 하지만 중국의 입장에서는 그를 국공 합작에 기여한 위대한 인물로 평가한다. 봉천 군벌의 중심지였던 장씨수부는 혼란스럽고 모순으로 가득했던 그 시기의 모습을 얼핏이나마 보여주고 있었다. 그 밖에 입장권에 포함된 선양 금융 박물관(沈阳金融博物馆)을 들어가 옛 은행의 모습과 세계 여러 나라의 화폐 등을 볼 수 있다. 화폐 박물관 밖으로 나와 본 벚꽃에 봄이 왔음을 실감한다.

북릉

숙소가 생각보다 좋다. 번화가인 태원가와 선양역이 인근에 있어 접근성도 좋다. 중국의 가정집에서는 온수통이 있어 샤워를 할 때 온수통 크기 이상의 물을 사용하기가 어렵다. 온수통의 양만큼 데워진 온수를 다 사용하면 찬물을 써야 하기 때문에 온수의 양을 조절하여 사용해야 한다. 그런데 호텔에서는 욕조에 물을 가득 채우고 마음껏 온수를 사용할 수 있으니 다행이다. 마치 군대 있을 때 생각이 나 작은 것에도 감사하게 된다. 숙소에서 나와 태원가의 만두집에서 만두를 먹은 후 북릉을 가기로 한다. 선양에는 청나라 1, 2대 황제의 무덤이 있는데 각각 북릉과 동릉이다. 북릉은 시내 안에 있어 접근성이 좋고 동릉은 멀지는 않지만 교외로 나가야 한다.

선양에서 가장 유명한 관광 명소중 하나인 북릉은 청나라의 두 번째 황제인 홍타이지의 무덤이다. 북릉공원에 위치한 고분은 무려 8년에 걸쳐 만들어진 것이다. 태원가역에서 지하철을 타고 한번 환승하여 북릉공원 역에서 내린다. 중국은 고속철도, 지하철이 모두 깔끔하게 되어 있다. 중고등학교 때 한자를 배웠기 때문에 간체를 보아도 대략은 음이나 뜻을 미루어 짐작할 수가 있다. 북릉공원은 소릉(昭陵)이라 불리우는 청 태종 홍타이지와 황후의 능 주변을 공원으로 꾸며놓은 곳이다. 과거 청나라 시대에

는 황제의 능이자, 그리고 지금은 선양 시민들의 휴식처의 역할을 하고 있는 곳이다. 청 소릉(昭陵)은 세계문화유산으로 지정되어 있다. 문을 들어가면 펼쳐지는 것은 일반적인 공원의 모습이다. 호수와 숲으로 이루어진 공원이 1.5㎞가량 펼쳐져 있고 그 끝에 소릉이 있다. 먹거리의 냄새들이 코를 자극한다. 오징어를 통째로 튀긴 꼬치와 양꼬치도 있다. 생수와 함께 회오리 감자를 사서 주변을 둘러본다. 인터넷 검색으로 본 북릉공원은 꽃으로 만발하였던 거 같은데 지금은 생각보다 따뜻하지 않아 꽃이 많이 피지 않았다. 가는 길 중앙에 청 2대 황제 태종 홍타이지의 동상이 있다. 황제라 하여 관을 쓰고 용포를 입은 모습이 아니라 여느 장군의 모습을 하고 있다. 청이라는 제국의 태동기를 이끌며 명과의 끊임없는 전쟁을 하던 청의 초기 황제라는 느낌을 확 주는 동상이다. 청 태종 홍타이지는 후금 태조 누르하치의 4남으로 누르하치의 뒤를 이어 후금의 왕이 되었다. 쇠약한 명나라를 끊임없이 공략했으며, 청으로 국호를 바꾸고 황제의 자리에 올랐으며 병자호란으로 조선을 침략하였다. 소릉 입구에는 신도(신이 걸어가는 길)라 하여 중앙을 막은 곳이 있다. 이 길은 황제조차 걷지 않았다고 한다. 청 소릉의 입구인 정홍문을 따라 들어가면 대청 소릉 성덕비가 있는 비정으로 향하여 길이 뻗어 있다. 정홍문을 지나서 비정까지의 길에는 황가의 위엄을 상징하고 능묘군을 수호하는 동물들의 상이 사자상, 해태상, 기린상, 말상, 낙타상, 코끼리상이다. 조금 더 걷다보면 청 태종의 사당인 륭은전(隆恩殿)이 있다.

릉은전에서는 방성이 바라보인다. 방성 북문으로 나가면 계단을 따라 올라갈 수 있다. 방성으로 올라오면 청 태종의 봉분을 감싸고 있는 보성으로 올라갈 수 있다. 청 태종과 황후가 잠들어 있는 봉분인 보성. 중국에서는 봉분에 잡초가 나면 다 뽑아버린다고 한다. 마치 변발을 한 만주족의 모습과 같다.

아픈 흔적 9.18 역사박물관

급하게 북릉공원을 나와 다음 일정을 고민하는데 마땅치 않다. 원래는 시내 안에 있던 요녕성 박물관을 가는 것이었는데 선양 시내에서 조금은 떨어진 곳으로 이동을 하였다고 한다. 아직은 띠띠(우버택시)를 호출하는 방법을 잘 몰라 의미 있는 곳을 찾다가 선양의 9.18 역사박물관을 가기로 하고 택시를 탄다. 생각보다 여러 도로를 갈아타는 느낌이 든다. 택시기사님이 너무 친절하시다. 중국 사람들은 똑같은 말을 해도 성조가 따라주지 않으면 전혀 알아듣지 못한다. 그럼에도 박물관까지 친절히 안내를 해주면서 입구 위치까지 말해준다.

선양의 9.18 역사박물관을 찾으면 '물망국치(勿忘國恥)'라는 글씨가 새겨진 종이를 먼저 볼 수 있다. '경세(警世)의 종'으로 불리는 이 종은 만주사변이 일어난 9월 18일에 14번 울린다. 일본에 침략당한 치욕을 잊지 말고, 14년간의 항일 전쟁을 기억하자는 의미라고 한다. 중국은 우리나라와 같이 일본의 침략을 받은 상처가 있다. 문명의 발상지이며 강대국이었던 중국의 근대 역사는 외세 열강들에 의해 너무 초라하게 변해버린 상황이었다. 청 · 일, 러 · 일 전쟁에서 모두 승리한 일본은 조선으로부터 시작해 아시아와 태평양을 모두 지배하려는 야욕을 갖기 시작했다. 1931년 9월 18일 일본의 관동군은 선양 근처의 남만주 철도선을 폭파하고는 중국의 소행이라 주장하기 시작했다. 이것을 빌미로 일본은 중국의 동북 지역인 만주 지역 전체를 점령해 갔다. 이것을 '만주사변'이라 부르는데 이 사건을 시작으로 일본은 중국 본토를 본격적으로 침략하기 시작하였으며 중 · 일 전쟁의 원인이 되기도 하였다. 9.18 역사박물관이 세워진 장소가 만주사변의 현장이다. 그 당시 중국인들을 학살한 현장을 재현하거나 침략과정을 소개한 전시물을 통해 일본의 만행을 보여 주고 있다. 일본은 청나라 마지막 황제인 푸이를 내세워 괴뢰정부 '만주국'을 세우기도 한다. 매년 9월 18일에는 만주사변을 기억하자는 의미로 박물관에서 기념행사가 열린다. 우리나라는 아직까지 과거 일본이 저지른 만행에 대한 뚜렷한 해결책을 찾지 못하고 있다. 중국은 참담한 과거 역사에 대한 인식을 국민들에게 잊지 않도록 계속적인 교육과 아울러 과거사와 관련된 자료들을 보존하고 있다. 박물관의 '맺음말'에는 "국민이 영웅을 잊을 때 나라는 망한다. 과거의 고난을 잊으면 다시 고난이 찾아온다. 나라의 흥망은 모든 이들의 책임이다."라고 말하고 있다. 근래 진보와 보수라고 말

하는 사람들이 역사에 대한 자의적인 해석으로 독립운동을 한 분들의 노력과 일본 침략으로 피해를 당하신 분들의 아픈 마음을 폄하하는 모습을 보이고 있다. 9.18 역사박물관

과 난징 대학살 기념관을 통해 중국의 바른 역사 세우기 모습이 다시금 새롭게 보인다.

한국의 흔적 서탑가

내일 점심 기차로 다시 다롄으로 돌아가야 하는데 오늘 일정을 많이 소화하지 못해 아쉽다. 원래는 요녕성 박물관과 중가 거리, 시간이 되면 동릉까지 가 볼 생각도 했었다. 하지만 여행이 어찌 맘대로만 되는가? 비우는 마음도 중요하다. 그러다 보니 뜻하지 않게 9.18 역사박물관을 보게 된 것에 의미를 둔다. 어느새 저녁이다. 한국거리로 유명한 서탑가를 가기로 하고 택시에 올라탄다.

서탑가는 선양에 있는 한국 거리이다. 정확하게 말하자면 한국사람, 북한사람, 중국의 조선족 등 우리 민족의 사람들이 모두 있는 곳이라고 할 수 있다. 중국에 나와 보니 한국인과 조선족의 경계가 모호하고 같이 어울릴 때가 많은 듯하다. 조선족은 중국의 55개 소수민족 중에 하나이며 동북지역에 특히 많이 모여 산다. 연길 같은 곳처럼 조선족이 많이 모여 사는 곳도 있다. 우리 민족이 서탑가에서 살게 된 것은 1880년대부터이다. 현재 선양에 살고 있는 조선족은 만 명이 넘고, 한국인들도 더불어 살고 있는데 그 장소가 바로 이곳 서탑가이다. 일종의 한인타운이라 할 수 있다. 서탑가의 간판에는 대부분 한글과 중국어를 병기하고 있다. 롯데리아나 엔젤리너스 커피 같은 익숙한 브랜드도 볼 수 있다. 북한에서 운영하는 식당도 있다. 인공기가 앞에 걸려 있고 그 앞에는 한복을 입은 북한 사람이 서 있다. 신기하기도 하고 조금은 조심스럽기도 하다. 북경에 있다는 옥류관 분점도 서탑가에 있다. 특별히 무엇을 먹을 것인가를 정하지 않고 왔기에 여러 식당들과 상점들을 구경하며 길을 따라 걸어갔다. 오랜 만에 한국식당을 보니 먹고 싶은 것 천지다. 치킨, 한국식 짜장면, 짬뽕, 떡볶이도 먹고 싶네.... 한국 느낌이 물씬 드는 식당으로 들어가 불고기 낙지 전골을 시켰다. 밑반찬으로 나오는 찬들이 너무 맛있다. 전골이 나오기도 전에 밥과 함께 반찬들을 다 해치웠다. 오랫만에 한국 음식들을 먹으니 포만감과 함께 고향에 온 느낌이다. 밖으로 나와서 한국식 떡집, 김밥집, 빵집 그리고 한국 마트를 들렀다. 몇 개의 간식을 산 후 나온 서탑가 입구에는 장구를 맨 한복 입은 여자의 모형이 있다. 정치적으로는 그 경계를 나누고 있지만 타국 땅에서 한국인의 정체성을 가지고 이렇게 서로 돕고 사는 모습들은 대견스럽기도 하고 같은 민족으로서 자랑스럽기도 하다. 한국마트에서 사온 신라면과 초코파이가 그렇게 맛있을 수가 없다.

04장

수도의 관문 톈진(天津)

중국의 노동절

5월 1일은 국제 근로자의 날이다. 중국에서는 노동절이라고 부르고 중국 3대 연휴(5월 1일 노동절, 10월 1일 국경절, 설) 중 하나로 보내고 있다. 중국의 노동절과 국경절은 다른 연휴들에 비해 상대적으로 기간이 긴 편이다. 이 기간에는 중국의 많은 사람들이 여행을 가므로 여행지에서 길거리 사람들만 보고 오는 경우도 있다. 항공권, 기차표, 버스 티켓 그리고 여행지 입장권도 구입하기 쉽지가 않고 임박할수록 가격도 올라간다. 노동절에 해외로 가는 요우커도 많지만 대륙 그 자체로 국내에서 여행하는 수는 더 많다.

중국의 노동절은 우리나라보다 더 철저하게 지킨다. 특히 덩샤오핑의 개혁 개방 정책 이후로 사회와 경제가 발전하면서부터 노동절은 하나의 경축일로 바뀌었다. 지금은 웬만한 직장은 다 누동전의 휴무를 즐긴다. 그러기에 차량이 더 몰리는 이유도 되겠지만 춘절(음력 설), 청명절, 노동절, 국경절의 휴무기간에는 중국에서의 고속도로 통행료도 무료이다.

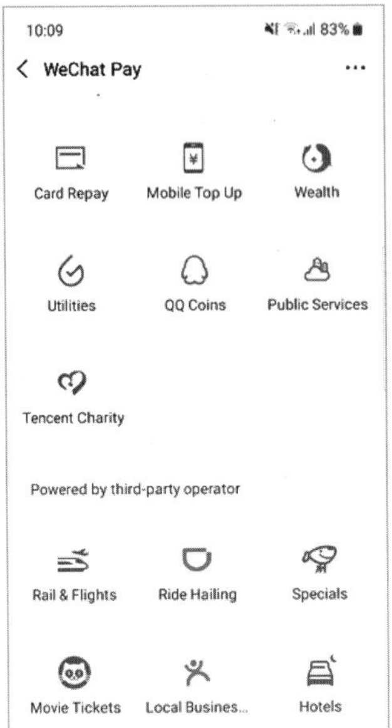

지난 청명절 가족들과 중국여행을 처음으로 다녀왔다. 걱정되기도 했지만 나름 다녀오고 나니 자신감도 생기고 새로운 곳을 다녀오고 싶은 생각이 든다. 동료 선생님들은 인근 단동을 가보거나 밤의 침대 기차를 타고 베이징으로 가는 것을 추천하신다. 베이징이나 상하이는 꼭 두번 이상을 갈 생각을 했기에 근처 부담 없는 곳을 고려하다보니 톈진이 눈에 띈다. 어찌 보면 특징 없는 곳이기도 하고 내가 살던 인천과 비슷하다는 생각이 든다.

톈진은 베이징, 상하이, 충칭과 함께 중국의 4대 직할시 중 하나이다. 톈진은 베이징의 남동쪽으로 약 96km, 황해로부터 약 56km 내륙에 자리 잡고 있다. 상하이 다음 가는 중국 제2의 공업 중심지이며, 수도 베이징으로 들어가는 지역의 대표 항구도시이다. 명나라 태조 주원장은 적장자에게 왕위를 물려주고 나머지 아들들에게는 군사를 주어 변방의 경계를 지키도록 했다. 건국 초기이므로 다른 사람들보다는 친족에게 군사를 주는 것이 안전하다는 생각이었다. 그런데 적장자가 생각보다 빨리 죽게 되었고 손자가 왕위에 올랐다. 이러자 주원장의 넷째 아들인 연왕이 톈진에서 군사를 이끌고 조카를 왕에서 내리고 스스로 왕위에 올랐다. '톈진'은 하늘의 나루터라는 뜻으로 천자가 이곳을 지나갔다라는 의미를 담고 있다. 톈진은 지역적 특징으로 무역과 상업의 중심지로 번영을 누렸던 곳이 되었다. 그러다 톈진 조약을 맺고 중국의 다른 도시들처럼 러시아, 미국, 영국, 프랑스 등의 조계지가 되었고, 중국의 근대화를 주도한 곳이다. 그래서 톈진 곳곳에는 서양에 온 것 같은 느낌의 건물들이 많다. 고속열차로 톈진을 가기 전에 진황다오 만리장성의 시작점 산하이관을 1일 정도 들렀다 갈 생각으로 기차표를 끊었다. 진황다오의 다른 곳은 들르지 않고 산하이관의 천하제일관과 노룽두만 다녀오면 될 생각을 하고 숙소까지 예약을 미리 해 놓았다. 노동절이 며칠 앞으로 왔을 때 선배 교사가 똑같은 장소로 여행을 가는데 저렴하게 나온 톈진행 비행기를 타고 간다는 것이 아닌가? 처음으로 we chat 메신저를 활용해 비행기 표를 끊는 방법을 배웠다. 우리나라 같은 경우도 비교적 인터넷과 휴대폰을 활용한 산업들이 잘 발달되어 있다고 생각했는데 우리나라의 그것 이상으로 중국은 스마트폰을 활용한 결제시스템이 잘 되어 있다. 위챗 메신저의 위챗 페이를 활용해 비행기, 열차, 띠디추싱(중국의 카카오 택시), 영화, 전기세, 수도세, 계좌이체 등 스마트폰 하나면 모든 것이 다 될 정도이다. 와이프와 의논을 한 후 알고 있는 한자를 활용하여 저녁에 출발하는 저렴한 비행기 표를 끊을 수 있었다. 그리고 숙소 및 돌아오면서 이용할 기차표도 변경하였다. 공항에 가기 전 다롄역에 들러 돌아올 때의 고속열차 표를 미리 다 발권

을 받아 놓았다.

다롄에 오고서 처음으로 공항에 가본다. 노동절의 특수성 때문에 혹시나 늦을까봐 2시간 전에 도착하려다 보니 3시간 전에 공항에 도착하였다. 처음 이곳에 올 때 설레임으로 공항에 도착하였는데 어느새 따뜻한 봄이 되었다. 공항에 도착하니 봄바람에 기분이 절로 좋아진다. 공항에 생각보다 사람이 별로 없다. 비행기 티켓팅을 하고 입국장으로 들어가니 공항 특유의 모습들이 보인다. 비행기가 보이고 면세점들이 보이고 비행기를 타려는 사람들이 줄을 서 있고... 급히 올 생각에 밥을 먹지 못했다. 서브웨이에서 간단하게 식사하려는데 이게 짜고 양이 많다. 공항 여러 곳을 둘러본 후 시간이 되어 게이트에 줄을 섰는데 톈진에 가는 비행기 탑승 입구 앞에서 선배 선생님 가족을 만났다. 물어보니 우리와 같은 시간 비행기에 산하이관에 숙소까지 같았다. 워낙 친하다 보니 신기해하면서 이 얘기 저 얘기를 나누다가 비행기에 탑승했다. 중국에서는 비행기 출발하는 시간이 딜레이 되는 경우가 많다고 들었는데 출발 시간보다 10분 일찍 출발했다. 거기다가 1시간 반 비행거리를 50분 만에 도착했다. 이래도 되는 건지 모르겠지만 어쨌든 좋다. 짐을 비행기에 들고만 탔기에 우리는 헤어져서 지하철을 타고 숙소쪽으로 이동을 했다. 어느새 8시가 다 되었다. 톈진 지하철은 베이징 광역지하철보다 규모가 작지만 웬만한 곳은 지하철로 갈 수 있을 정도로 지하철이 잘 되어 있다. 빈하이 국제공항(天津滨海国际机场)으로 바로 2호선 지하철이 연결되어 있다. 지하철 티켓이 동전 모양으로 되어 있어 신기하다. 톈진역과 지하철로 두정거장에 뒤에 있는 远洋国际中心站에서 내려 숙소에 체크인을 한 후 인근에 있는 식당에서 저녁을 먹었다. 모처럼 중국식 만두와 죽을 먹었다. 중국식 만두는 우리의 만두와 비슷한 맛을 지닌 것도 있지만 중국 특유의 향이 느껴져 먹기 힘든 것도 있다. 중국에 가서 만두를 보통 주문하면 속이 없는 찐빵인 만터우(馒头)가 나온다. 한국 만두와 모양이 비슷한 만두는 교자로 알려진 '쟈오즈'(饺子), 왕만두는 '바오즈'(包子), 국물이 있어 빨대를 꽂아 먹는 '탕빠오'(湯包) 등이 있다. 전 세계에 각종 만두가 있지만 유래를 살펴보면 모두 중국이나. 배가 차지는 않았지만 맛이 있는 만두와 죽을 먹고 지하철을 이용해 톈진역으로 갔다. 중국의 야경은 언제 어디에서 보나 멋있고 웅장하게 보인다. 일단 규모에서 압도를 한다. 톈진 지하철역에서 나와 여러 개의 통로를 지나 톈진역 입구를 찾아가는데 워낙 그 규모가 크다보니 찾기가 쉽지 않다.

천진역 야경 해방교 천진세기

톈진 지하철역에서 올라와 톈진역(天津站) 지상 역사를 찾는 것이 이렇게 어려운지 몰랐다. 역시 대륙답게 크기가 크다보니... 5월 초라지만 다롄에서는 낮에 티셔츠에 겉옷을 입고 밤에는 쌀쌀할 정도였는데 톈진역 지상으로 나오니 날씨가 따뜻함을 느낀다. 진짜 봄인가?

인터넷 여행기들을 찾아보니 톈진이라는 도시는 보통 가까운 베이징과 연계하여 여행하는 경우가 많다. 이곳을 여행지로 잡았더니 사람들이 물어본다. 톈진이 딱히 대표적인 유적이나 관광지가 많은 것도 아닌데 톈진을 들렀다가 베이징을 다녀 올거냐고? 하지만 나의 여행 경로를 이야기 해주면 사람들이 너무 효율성이 떨어짐을 이야기한다. 그럼에도 불구하고 톈진의 이미지는 톈진시내를 관통하는 하이허(海河)를 돌아보면서 반전된다. 톈진역 지상 역사에 올라와 정면으로 보면 역의 장대함을 느끼게 된다. 따뜻한 날씨에 티셔츠 하나만 입은 우리는 톈진역 앞으로 펼쳐진 아름다운 강과 유람선, 높은 빌딩의 조명들, 강 주변 노천에 있는 사람들의 모습을 보니 봄철 날씨와 함께 기분이 좋아짐을 느낀다. 강쪽으로 내려가보니 정말 많은 사람들이 톈진의 봄을 느끼고 있다. 건너편에는 멋진 조명과 함께 이국적인 느낌의 건물들, 높은 빌딩이 펼쳐져 있었다. 유람선을 타볼까 생각했는데 너무 많은 사람들이 줄을 서 있다. 깔끔하게 포기하고 수많은 사람들 속에 섞여 앞에 보이는 다리를 향해 걸어갔다. 톈진역 앞의 드넓은 강과 이국적인 건물들 모두가 포토존을 이룬다. 그래서 톈진을 아시아의 유럽이라고 하기도 한다. 천진세기가 어

디 있을까 찾으며 걸어갔건만 보이질 않는다. 우리나라의 로터리 같은 도로 한 가운데에 커다랗게 보이는 시계 모형이 바로 천진세기였다. 눈 앞에 두고 찾고 있었으니… 톈진역에서 예쁜 건물들을 바라보며 5분 정도 걸으면 톈진의 명소인 '해방교'와 '천진세기; 세기의 시계'를 볼 수 있다. 천진세기를 바라보고 왼쪽을 보면 강을 가로 지르는 다리가 보이는데 이것이 해방교이다. 해방교는 1902년 건설되었다. 과거 톈진은 무려 9개 나라의 조계지였기 때문에 처음에는 만국교라는 이름을 붙였고 항일전쟁에서 승리한 후 국민당 정부의 장개석의 이름을 따서 '중정교'로, 1949년 공산당이 국민당을 몰아낸 톈진 해방 이후 지금의 이름인 '해방교'로 정해졌다. 이렇듯 해방교는 중국 근현대사의 아픈 역사를 가지고 있지만 지금은 관광객들에게 아름다운 명소로 남아있다. 차도 양 옆으로 사람들이 해방교를 통해 강 건너로 가고 있다. 넓지 않은 그 다리 위에 탕후루, 오징어구이, 취두부 같은 길거리 간식과 기념품 노점상들이 있다. 다리 중간에서 다시 야경을 바라본다. 중국의 야경은 어딜 가나 끝판왕이다. 다리 건너 이국적인 건물들 쪽으로 가니 이것 또한 조명과 함께 유럽의 어느 거리에 와 있는 느낌이다. 강변 옆으로는 기타와 마이크, 앰프 등을 가지고 나와서 버스킹을 하는 사람들이 있다. 중국에 와서 영어를 쓰는 사람을 별로 보질 못했는데 감미로운 팝송을 정말 잘 부른다. 기분 좋은 봄 날씨와 함께 유럽풍의 거리로 더 들어가려 했으나 시간이 너무 늦어져 택시를 잡아타고 숙소로 돌아왔다. 톈진의 첫날! 톈진은 보기보다는 매력이 꽤 있는 도시인 듯하다.

우다다오 공원

아침 조식을 신청하지 않았더니 배가 고프다. 인근에 월마트 및 상가들이 많아 아침 일찍 호텔 주변을 둘러본다. 중국 사람들은 게으르다고 들었는데 여기 와서 본 모습은 정말로 부지런하다. 새벽이나 아침 일찍 직장에 가서 일을 하고 퇴근시간에 정확히 돌아와 저녁이 있는 삶을 살아가는 모습이 신선하다. 야근 등의 늦게까지 일하는 문화와 밤의 유흥 문화가 발달한 한국과는 다르게 대부분 밤 10시 이전에 상점과 음식점들이 문을 닫는다. 한국과는 다르게 이곳은 대부분 불이 꺼져 있는 중국의 집들을 보면 일찍 자고 일찍 일어나는 이들의 모습이 보인다. 빵집에서 빵을 사서 호텔로 돌아가다 보니 주변에 커다란 백화점이 몇 개 있고 백화점의 꼭대기에 한식집이 있다. 체크아웃을 하고 한식집으로 아침식사를 하러 들어갔다. 옆 테이블을 보니 중국인 커플이 고기와 함께 한국 소주인 참이슬을 먹고 있다. 중국 사람들은 중국음식에 비해 비싼 한식을 선호하는 편이다. 메뉴판을 보니 조금은 가격대가 있어서 김치찌개와 함께 공기밥을 시켰다. 밥심으로 사는 한국 사람들에게 중국에 있는

음식점의 쌀밥(米饭)은 2위안 정도라 부담이 없다. 옆 테이블과 조금은 비교가 되어 눈치가 보이기도 했지만 밑반찬까지 추가로 시켜 야무지게 먹었다. 맛있게 밥을 먹고 간식까지 사서 배낭에 넣은 뒤에 택시를 타고 우다다오 민원 광장으로 향했다. 지하철역으로 세정거장 정도 되기 때문에 기본 요금이 10위안인 택시를 타는 것도 괜찮다고 생각을 하였다. 택시기사님이 우리를 보고 한국 사람이냐고 물으며 말을 건다. 말이 짧아서 더 이상 이야기하기가 쉽지 않다. 근처에 오니 각종 건물들이 유럽풍의 건물이다. 바이두 지도를 보니 거의 다 오긴 한 것 같은데 사람들이 많아 차가 가기 어려워진다. 택시기사님이 여기서 내려도 될 것 같다고 하셔서 걸어서 가보았다. 한낮엔 더운 날씨이다. 반팔을 입었길래 망정이지 그렇지 않았으면 땀으로 도배를 할뻔 했다. 우리나라에서도 근래 많이 생기긴 하였는데 중국엔 자전거를 빌려주는 사업이 활발하다. 길거리에 주차해 있는 자전거를 휴대폰 모바일 서비스 위챗이나 알리페이를 활용해 빌려 탈 수가 있다.

걷다 보니 아울렛 느낌의 건물이 나오는데 이곳이 우다다오(五大道)공원 민원광장이라고 불리는 곳이다. 입장은 무료로 할 수 있다. 이 지역은 영국, 프랑스, 독일, 스페인을 비롯한 서양 건축물들이 밀집한 곳으로, 옛날엔 조계 구역이었다. 중국의 유명한 도시 이름을 따와 도로 이름을 정했으며 서구 열강들의 조계지가 되면서 근대식 건축물들이 집중적으로 건설되었다. 중국 청나라의 마지막 황제 푸이도 여기서 살았다고 한다. 230여 채 중 유명 인사의 저택이 50여 채 정도이다. 이곳은 중국을 대표하는 근대 극작가 조우의 대표작 뇌우의 배경이기도 하다. 르네상스, 바로크, 고딕, 모더니즘에 중국의 전통 양식까지 가미된 다양한 건축물들이 있다. 건물들은 시 중심에서 동·서 방향으로 뻗은 5개의 거리인 청두루(成都路), 충칭루(重庆路), 창더루(常德路), 다리루(大理路), 무난루(睦南路) 및 마창루(马场路) 일대에 분산되어 있다. 마창루 121번지에 위치한 스페인풍 별장의 역사가 가장 오래되었다. 민원광장 안으로 들어가면 콜로세움 형태로 가운데에는 노천극장과 꽃들을 심어 놓은 정원 등이 있으며 테두리에는 각종 상가들이 있다. 예쁜 카페부터 시작해서 기념품 숍도 있다. 지하로 들어가면 마트와 아이스크림 가게가 있어 잠깐 쉬어갈 수도 있다. 노천극장에는 많은 사람들이 앉아서 이야기를 나누거나 사진을 찍고 있으며 무대에서는 공연을 준비하고 있는 사람들이 보인다. 좋은 날씨와 함께 예쁜 꽃들 그리고 행복해 보이는 사람들의 모습이 곳곳에 보인다.

빈장다오와 서개교당

노동절 많은 관광객들로 붐비고 있지만 우리가 갈 곳들이 대부분 인근에 있어 천천히 걸어가 보기로 하였다. 서구식의 건물과 거리들 아름답다는 말이 절로 나온다. 조금만 더 걷다보니 대형 백화점과 아울렛들이 수십 개가 있고 그 안으로 수많은 사람들이 들어가고 나가고 있다. 정말 규모하면 우리나라와 비교가 되지 않을 정도로 크고 그 수도 많다. 청나라 황제 사절단으로 중국에 가게 된 박지원도 이 느낌들을 열하일기에 담았으리라 생각된다. 걸어도 걸어도 유흥가 거리가 끝이 없이 펼쳐져 있다. 보이는 곳 중 한 백화점에 들어가 아들이 쓸 야구모자와 와이프의 마스크 팩을 샀다. 팩을 산 곳은 중국에 많이 진출해 있는 한국 화장품 브랜드 상점이다. 한국식 인테리어와 손님 응대 방법이 신기하다. 육교 건너편으로도 사람들이 많이 걸어가고 있는데 이곳이 바로 빈장다오라는 톈진의 명동 같은 거리이다. 육교를 찾아 건너기 전 옆쪽에 성당 건물이 보인다. 유흥가와는 어울리지 않지만 서개 교당(西开教堂)이다. 성당으로 들어가는 길에 아담한 노천 카페 거리가 일자로 뻗어 있다. 스타벅스, 카페베네 등 한국사람들에게 익숙한 상점이 있고 중국 서적 등을 할인하는 곳도 있어 성당 관람 후에 잠깐 휴식을 취하는 것도 좋다. 서개 교당은 톈진이 열강의 조계지였던 1916년에, 프랑스인이 건립했다. 유럽 풍의 아름다운 건물 덕분에 이곳에서 결혼식을 올리는 사람들이 많다. 줄을 서서 사람들이 입장을 한다. 성당 앞에는 노점상 들이 물건을 팔거나 몸이 불편하신 분들이 관광객들을 대상으로 구걸을 하고 있다. 노점상들은 위챗페이 큐알코드를 들고 있다. 노점상이나 개인 등도 이러한 스마트 페이를 활용하는 것을 보면 내가 알던 중국의 모습과는 많이 다르다. 성당을 구경하고 나와 사진을 찍는데 한국 사람들의 모습도 간간히 보인다. 아마 우리처럼 수 많은 블로거 들의 기록들과 뒤에오는 사람들을 위한 친절한 안내자료들을 보고 왔으리라 짐작을 해본다. 육교를 건너 길 건너의 상업거리인 빈장다오로 향했다.

빈장다오(滨江道)는 1886년 조성되었으며 많은 사람들이 모이는 쇼핑과 만남의 장소이다. 2km가 넘는 긴 거리의 초입에서 반대쪽을 바라보는데

끝은 보이지 않고 가득 찬 사람들만 보인다. 길 옆에는 백화점과 아울렛 등이 끝없이 이어진다. 그 양 옆으로도 이러한 거리들이 펼쳐져 있을 것을 생각하니 정말 대단하다는 생각이 든다. 워낙 넓다보니 보행가를 누비는 전동차가 있다. 따뜻한 날씨로 시작을 했지만 한낮에 덥고 많이 걸은 덕분에 점점 지쳐 간다. 배도 슬슬 고프고 갈증이 몰려와 인근에 보이는 CoCo라는 중국 나이차 전문점에 들어갔다. 사람들로 붐벼 주문하는데도 줄을 많이 서야 하고 주문한 음료들을 받는 데 정신이 없다. 음료를 먹으며 길거리 벤치에 잠깐 앉았다. 걸어도 걸어도 그 2km가 이렇게 긴지 몰랐다. 거의 끝 부분에서 휴대폰으로 다시 길을 찾는데 와이포지아(外婆家)라는 중국식당이 보인다. 와이포지아는 본점이 항저우에 있는 식당으로 우리 말로는 외갓집을 이야기 한다. 외할머니의 정성이 담긴 밥을 의미하는 뜻으로 중국 전역에서 인기가 많은 식당이다. 우리 나라 관광객들에게도 인기가 많아 중국 여행 블로그들을 검색해보면 해당 식당의 메뉴까지 자세히 설명되어 있다. 식당으로 들어가려고 하는데 어디서 많이 본 사람들이 보인다. 톈진 여행을 같이 오게 된 선배교사 가족들도 몹시 지친모습으로 빈장다오의 끝에서 들어서고 있다. 우리와 마찬가지로 많이 걸은 듯하다. 중국여행을 할 때 가장 기억에 남는 것은 걸은 기억이라고 하는데 오늘 그것을 톡톡히 경험하고 있다. 식사를 같이 하려고 했더니 나머지 일정을 해야 하는 듯해서 인사를 하고 헤어졌다. 세계에서 제일 큰 백화점이 부산 센텀시티에 있는 신세계백화점이라 들었지만 이곳 백화점이나 아울렛들도 규모는 밀리지 않는다. 손님이 많아. 30분을 웨이팅 한 후 블로그에서 봤던 메뉴들을 몇 개 주문하였다. 중국 음식 향에 민감한 아들도 잘 먹는다. 특히 여행지에서는 배가 차야 주위의 것들이 보이는 듯하다. 빈장다오의 끝을 걸어 나오면서 다시 한번 그 규모에 놀란다. 그러고 보니 인근의 항아리 박물관을 지나친 듯하다. 바이두 지도를 꺼내 찾아가 보니 인근이다. 사람들이 너무 많다. 항아리 박물관 앞쪽은 버스들과 사람들로 붐벼 근처에 갈 수도 없고 길 건너편에서 사진을 찍을 수밖에 없었다. 항아리 박물관 건물은 개인이 평생 동안 수집한 도자기를 건물 외관에 잔뜩 붙여 놓아 지나가는 길에도 금방 눈에 띈다. 입장을 할 생각이었지만 이렇게 건너편에서 건물 외관 정도를 파악하는 것으로 만족해야 하겠다. 박물관 안으로도 도자기와 함께 오래된 가구들로 볼 것들이 많다고 한다. 가족들의 걸음걸이가 점점 더 느려진다. 오늘 이렇게만 하고 일정을 끝내자는 의견이 있었는데 조금만 더 걸어가면 있는 이탈리안 풍경구까지 보자고 하였다. 조금

만 더 걸어가면 나올 줄 알았는데 조금만 아니었다. 엄청 멀었다.

이탈리아 풍경구

이탈리아 풍경구를 향해 쉴 새 없이 걸어갔다. 오늘은 이곳을 마지막으로 숙소로 들어갈 예정이다. 아쉽지만 내일은 기차로 진황다오 산하이관으로 간다. 앞서도 말했지만 톈진은 프랑스, 영국, 러시아를 비롯한 8개국의 조계지였던 영향으로 도심에 당시 건축물이 많이 보존되어 있다. 그중에서도 1902년부터 1946년까지 이탈리아의 조계 구역이었던 이탈리아 풍경구가 대표적이다. 원형의 분수대가 있는 마르코 폴로 광장(马可波罗广场)을 중심으로 멋진 레스토랑, 스타벅스 등 여러 카페가 밀집한 길들이 이어진다. 또한 아이스크림, 톈진 전통의 꽈배기, 기념품 가게 등 노점들이 보행자 거리 양편에 자리 잡고 있다. 풍경구에 있는 대부분의 건물들은 100년 이상의 역사를 가지고 있는 건물이다. 와이프가 이곳에서 벙거지 모자를 사려고 한다. 모자의 가격을 물어보니 50위안이다. 조

금 고민을 하고 망설이고 있는데 옆에 있던 손님이 똑같은 모자를 가지고 물어보니 40원이라고 한다. 옆에서 끼어들어 40원의 가격에 모자를 샀다. 더 깎을 걸 그랬나? 이탈리아 거리는 따뜻한 날씨와 많은 사람들로 분위기가 활기차고 거기다 고건물로 인해 운치까지 있다. 조금 더 걷다가 보니 골목 곳곳이 보이고 우육면 식당 등 로컬 특유의 다양한 생활 모습이 보인다. 어제 왔던 해방교 근처가 보이긴 하는데 지친 심신 때문에 이제는 쉬어야 할 것 같다. 택시를 잡아 타고 숙소근처로 갔다. 밤의 톈진 아이를 들러 사진도 찍고 싶었는데 아쉽다. 숙소 근처 월마트에서 간식거리를 사가지고 호텔로 들어왔다. 숙소에 들어오니 세상 편하다. 내일은 기차를 타고 만리장성 동쪽 시작점인 산하이관으로 간다. 도심의 이곳과는 또 다르다는 생각에 묘한 설레임이 몰려온다.

고문화 거리

느리고 여유로운 여행을 하고 싶은데 그동안은 급하게 이곳 저곳을 둘러 보고 걷는 여행을 많이 해왔다. 아들이 태어나고는 리조트 시설을 이용한 얌정한 여행을 했다면 아이가 크다보니 또 조금은 고된 여행을 하게 되는 것 같다. 어제의 일정이 조금은 힘들어서 느지막하게 일어나아침을 먹은 후 고문화 거리로 이동을 하였다. 중국의 대도시들은 지하철 연결이 잘 되어 있어서 여행지 곳곳 어디든지 거미줄처럼 이어져 있다. 2호선에서 3호선으로 지하철을 환승해서 내렸다. 산하이관으로 가기 위해서는 3호선인 톈진서역으로 가야하니까 중간에 있는 고문화 거리를 가볍게 걷고 가면 될 것 같다. 스마트폰으로 바이두 지도를 켠 후 고문화

거리를 가는데 스타벅스, 하겐다즈, KFC 그리고 익숙한 상점들이 보인다. 지금은 운영을 하지 않는 롯데백화점건물도 보이고 한자로 써 있는 신세계백화점도 보인다. 외국에 와서 한국의 흔적들을 보면 반갑고 자랑스럽다. 커다란 상가 블록을 몇 개 지나 보니 건물들 사이로 고문화 거리로 추정되는 곳이 보인다.

고문화거리(古文化街)는 청대의 상가건물을 재현해 놓은 상가거리이다. 옛 모습을 그대로 살려놓은 상가에서 서화나 골동품, 공예품, 문방사우 등을 팔고 있어 관광객들이 가장 많이 찾는 곳 중 하나이다. 곳곳에는 관광객을 위한 톈진의 명물 꽈배기 과자부터 시작해 각종 먹거리를 판다. 날씨가 무더워서인지 사람이 많지 않다. 고문화 거리는 우리가 알고 있는 인사동과도 비슷하긴 하지만 중국 느낌이 훨씬 많이 나는 거리 풍경을 가지고 있다. 수석, 조각, 그림, 관광객들을 대상으로 한 중국 전통 의복과 붓 등을 팔고 있다. 서울 북촌 인근에 가서 샀던 수제 옥도장 같은 것들도 있는데 가격이 싼 편이다. 길을 걷다보면 청 말기의 사상가 엄복의 청동상도 만날 수 있다. 엄복은 영국 유학파 지식인으로 청일전쟁 이후 제국의 침탈에 맞서 국민에게 계몽사상을 일깨우며 개혁운

동을 펼친 사상가이다. 돌아 나오면서 저 멀리 톈진 아이가 보인다. 조금더 가까이 가서 인증샷이라도 찍고 싶었지만 더운 날씨에 가족들이 많이 지쳐 있어 인근 하겐다즈 아이스크림 전문점으로 들어갔다. 아이스크림 가격이 한국과 중국의 일반적인 물가에 비해서도 비싼 편인데 매장 안에는 빈 자리가 없을 정도로 사람이 많다. 에어컨의 시원함과 함께 아이스크림의 달콤함을 느껴본다. 기차 출발 2시간 전에 여유 있게 도착하려고 서둘러 지하철 역과 갔다. 지하철 역사와 같이 있는 백화점에서 나이키, 아디다스, 폴로 등 스포츠 및 캐주얼 브랜드 행사를 하고 있었는데 가족들이 입을 옷들과 신발을 구경하다 보니 기차 시간이 한 시간 앞으로 다가왔다. 급하게 나와 아들의 폴로셔츠를 구입한 후 지하철을 이용해 톈진서역으로 가는데 어째 시간이 아슬아슬하다. 워낙 크다보니 어느 방향으로 들어갈지 구분이 안간다. 중국에서는 기차역이 워낙 커서 어느 지방에서는 역의 남광장과 북광장이 지하철역으로 한 정거장 거리인 경우도 있다. 기차시간에 늦을까 노심초사하다 톈진서역에 도착했다. 급한 마음에 다른 건물로 들어갔다가 역사 입구를 찾아 공안에게 여권을 보여주고 플랫폼으로 내려간다. 그러고 보니 처음에 계획할 때 기차시간을 취소 변경한 부분이 있어 가격도 조금은 올라가고 좌석도 따로 예매하게 되어 가족들이 함께 앉을 수가 없었다. 심지어 3명 모두 다른 칸에 타게 되었다. 어차피 와이프와 아들이 앉는 것을 확인한 후에 내 자리로 가야겠다 생각했는데 플랫폼에 도착한 기차는 두 개의 기차가 붙어 있었고 기차편명이 두 가지라 확인이 어려웠다. 한국에서 TX를 탈 때대선 스음에서 두 지역에서 온 기차를 붙여 서울까지 오는 것을 봤던 것 같은데 지금 이 상황이 당황스럽다. 우리의 좌석도 앞뒤 기차로 나누어져 있어

서 좌석 칸별 이동이 어렵다. 나름 우발상황에 대처능력이 있다고 생각하는데 벨소리와 함께 탑승 하라는 소리에 정신이 없다. 기차 역무원에게 표를 보여주면서 어디로 타야 되냐고 했더니 빨리 타라고 하면서 뒷 열차를 가리킨다. 기차 출발 시간이 인접해 온 것 같다. 우왕좌왕하고 있는데 항상 걱정스럽기만한 아들이 기차 티켓을 다시 확인한 후 나와 와이프에게 소리친다. "아빠는 일단 뒷 열차에 올라타! 엄마와 나는 여기 탈테니까! 자리에 도착해서 전화해!", 헤어져 열차에 올라타니 바로 출발을 한다. 좌석을 확인하는데 제일 뒷칸이었다. 가족에 대한 걱정스러운 맘으로 자리를 찾아갔다. 고속열차 똥쳐의 2등석은 2좌석, 3좌석의 배열인데 하필 3좌석이 붙어 있는 곳의 가운데 자리에 앉게 되었다. 캐리어를 자리 위에 있는 짐칸에 올려놓고 앉아 휴대폰을 봤더니 와이프에게 부재중 전화가 와 있다. 걸었더니 계속해서 안받는다. 영화같은 이런 일이 타국 땅에서 우리에게 생기다니 가장으로서 조금 더 신중하지 못했음에 자책하게 된다. 아들에게서, 와이프에게서 연락이 온다. 잘 있다고... 이따 역에서 내려서 보자고... 같이 있을 땐 지지고 볶아도 이런 상황에서는 서로를 생각하는 마음이 보인다. 양 옆 자리에 앉아 있는 사람들 속에서 불편한 마음이지만 한편으로는 가족의 사랑을 느끼며 산하이관역에 도착하였다.

05장

만리장성 시작점 산하이관(山海关)

산하이관

5년 전 베이징에서 만리장성을 봤던 감흥은 생각보다 크지 않았다. 교과서 속에서나 보았던 그 진귀한 문화재보다 무질서한 사람들 모습들을 보니 인증샷으로 몇 컷 찍은 사진이 눈에 들어오질 않았다. 근래 여행 프로그램 등을 보니 만리장성의 고북수진과 사마대장성을 통해 조금 더 여유 있게 관람하는 코스가 많이 생긴 듯하다. 만리장성의 또 다른 매력을 상상하면서 산하이관역에서 내렸다. 한국의 전주역이나 경주역 느낌의 산하이관역 앞에는 호객행위를 하는 택시들로 가득하다. 천하제일관

인근 숙소 이름을 택시 기사님에게 보여준 후 역 주변을 지나가는데 생각보다는 식당과 상점 등이 많이 있었다. 택시로 도착한 천하제일관 인근의 숙소는 중국의 매력이 담겨 있

으면서도 깔끔하다. 체크인을 하고 숙소에 짐을 내려놓은 후 주변을 산책하러 나갔다. 어느새 어둑어둑한 저녁이다. 천하제일관은 커다란 성곽 안에 우리 나라의 전주 한옥마을 같은 느낌으로 자리 잡고 있다. 기념품, 식당, 슈퍼마켓 등이 성문 입구까지 길게 자리 잡고 있으며 양꼬치 등 다양한 먹거리도 판매 하고 있다. 중국식 음식 집에서 저녁을 간단히 먹으려고 했으나 아들이 아까 올 때 택시로 본 KFC에 가자고 한다. 아무래도 중국음식들이 아직은 부담스러운가 보다. 시골 느낌의 이곳 KFC에는 사람들로 북적북적 붐비는 상황이다. 간신히 자리를 잡고 주문기계를 이용해 주문을 한다. 중국 어딜 가나 KFC나 스타벅스는 항상 보는 것 같다. 미국과 정치적으로 마찰을 보이면서도 중국 곳곳에는 미국의 색깔이 느껴지는 것들이 많다. 배를 채우고 다시 산하이관 성문 입구를 통해 돌아오는 길은 톈진의 도시스러운 느낌과는 또 다른 자연과 어우러진 시골의 느낌이 든다.

중국인들은 전통적으로 화이사상을 갖고 있다. 즉 한족과 오랑캐를 구분하는 화이의 기준을 만리장성으로 삼았다. 발해의 노룡두에서 시작되는 만리장성은 산하이관 각산장성(角山長城)과 연산산맥을 넘어 서쪽 사막의 감숙성 가욕관(嘉峪關)까지 약 6,400km에 걸쳐 이어지는 거대한 인공 건축물이다. 문명과 비문명으로 대체되는 화이를 가르는 기준이 만리장성이었던 만큼 산해관의 안쪽을 관내, 밖을 관외라 불렀다. 이 관문을 들어서야 중화(中華)의 세계, 즉 문명의 세계로

들어선다는 관념을 갖고 있다. 중국을 왕래했던 조선의 외교사절 역시 요동을 경유하여 중국의 수도인 연경(燕京, 지금의 베이징)으로 향하기 위해서는 반드시 산하이관을 통과해야 했다. 조선의 사신들에게 산하이관은 중국의 규모와 제도를 짐작할 수 있는 상징적인 건축물이었다. 특히 산하이관의 관문 중 천하제일관(天下第一關)은 웅장하다. 연암 박지원은 열하일기에서 "만리장성을 보지 않고서는 중국의 큼을 모르고, 산하이관을 보지 않고서는 중국의 제도를 알지 못할 것이다."라고 하면서 산하이관의 규모와 위용을 평가했다. 명나라 말기에 산하이관 오삼계가 농민 반란군 이자성을 물리치기 위해 산하이관의 성벽을 헐고 청군을 무혈입성시킴으로서 이민족인 만주족에게 중원을 넘겨주게 되었다. 곧 명은 멸망의 길로 들어서고, 청 제국이 열리게 되었다. 오랑캐를 막기 위해 세운 것이 만리장성인데 결국 오랑캐라고 불리는 이민족에게 만리장성의 스스로 문을 열어주어 들어오게 한 것이다. 산하이관은 랴오닝성과 허베이성을 가르는 경계이며, 행정구역상 허베이성 진황다오시에 속한다. 베이징에서 약 300㎞ 떨어져 있는데, 발해만에 연한 군사요충지이다. 아울러 서역의 가욕관에서 요동 발해만에 이르는 만리장성의 동쪽 관문이자 출발점이다. 산하이관은 중국민들에게 가장 사랑받는 해변 휴양지의 하나이다. 바닷가를 중심으로 세계의 유명한 리조트 및 호텔들이 위치하고 있다. 산하이관과 산하이관 인근은 아직까지는 번화하지 않았으며 아름다운 자연환경과 역사적인 문화재들이 함께 어우러져 있는 곳이다.

노룡두

산하이관에 올 때 천하제일관과 노룡두 딱 2군데만 가볼 참이었다. 아침에 일어나 숙소 주위를 둘러보았다. 정말 우리나라의 경주나 전주 같은 느낌이다. 숙소 앞에 바로 택시가 있길래 노룡두에 가자고 탔는데 인근의 노룡두는 가깝고 볼 게 없으니 택시기사님이 자꾸 다른 곳을 데려가려고 한다. 아마 손님도 없는데 인근 노룡두만 가서는 돈벌이가 되지 않나 보다. 어설픈 중국어와 몸짓으로 우린 무조건 노룡두로 간다고 하니 노룡두 인근에서 잠깐 차를 세워줄테니 사진 한번 찍고서 다른 곳에 이어서 가자고 한다. 택시비를 계산하고서 우리는 여기서 내리겠다고 했더니 우릴 끝까지 기다린다고 한다. 그나마 아침에 이런 경우를 당해서 별 느낌이 없지만 밤 늦게 이런 경우를 당한다면 조금은 무서울 수도 있을 것 같다. 중국이라서 이런 것이 아니고 우리나라의 관광지에도 외국인들을 상대해서 바가지를 씌우는 장사치들을 생각하니 다 마찬가지라는 생각이 든다. 저 멀리 보이는 바다 옆 장성을 향해 걸었다. 톈진의 일부 빼고는 노동절임에도 불구하고 사람들이 별로 많지가 않다. 바다가 보이

는 시골길 옆을 걸어가며 인근에 농사를 지으시는 할머니 할아버지에게 노룡두 입구를 물었더니 친절히 가르쳐 주신다. 노룡두 입구 매표소에서 티켓을 사서 입장을 하였다. 여러 가지 옵션의 표가 있는 듯하다.

1381년(홍무 14)에 장군 서달이 산해위(山海衛)를 세우고 관을 축성하기 시작하였으며, 이후에 산하이관으로 이름을 바꾸었다. 1579년에 척계광 장군이 관을 보수하면서 바닷속으로 7장(丈)의 석성(石城)을 증축하였는데, 이것이 바로 노룡두(老龍頭)이다.

산하이관 장성과는 약 6km 떨어진 해안가에 위치, 바다로 들어가는 용의 머리와 같다 하여 노룡두라 부른다. 관광지 약도에서는 1. 용무영 2. 등해루 3. 입해석성 4. 해신묘를 표시하고 있다. 입구에서 걷다 보면 오른쪽으로 건축물들이 있다. 이곳에 주둔했던 군영을 모방 복원한 곳이다. 텐진에 비해서는 북쪽이라 그런지 날씨가 조금은 춥다. 썰렁한 날씨 위에 핀 꽃들의 색깔이 다채롭다. 조금 더 걸어 올라가니 제주도 김녕 미로공원의 미로와 비슷한 팔괘진이 있다. 이 팔괘진은 병사들의 놀이를 위해 만들어졌다고 한다. 아들과 잠깐 놀이를 하는데 어딜 가나 막혀 있어 출구를 찾기가 힘들다. 노룡두의 핵심은 역시 바닷가에 세워진 등해루와 바다로 들어간 정로대와 입해석성이다. 등해루는 청나라 시절 많은 문인들이 이곳을 노래하는 글을 남겼으며 여러 황제들이 등해루에 올라 경치를 감상했다고 한다. 이곳은 군사상의 중요시설이나 청나라가 중원을 지배하고 나서는 경치를 감상하는 장소로도 유명하다. 등해루에서 정로대를 가는 길목에는 과거 포대의 유물이 남아 있다. 포대 위에서 바라보는 정로대와 입해석성은 노룡두를 대표하는 모습을 가지고 있다. 입해석성에는 유명한 이야기가 있다. 바다로 들어간 부분의 기초부 이야기로, 이 돌 성벽은 커다란 솥단지 수만 개로 기초를 다졌다는 이야기다. 쇳물을 주입하기 위해 만든 돌덩어리 유물들이 남아 있다. 입해석성과 해신묘 사이에는 모래사장이 있다. 모래사장 옆을 조금 걷다 보면 저 멀리 해신묘가 있다. 해신묘 옆으로 먹거리를 판다. 회오리 감자를 하나 사서 먹으며 해신묘를 향했다. 해신묘는 바다신을 모시는 사원이다. 명나라 시기 노룡두 장성을 건축할 시에, 바다에서 작업이 필요했으며, 이로 인해 바다에서 작업하는 어민과 장병들의 안전을 기원하기 위해 지어졌다. 산하이관의 위치는 베이징과 동북, 내몽골을 연결하는 길목이다. 지금도 베이징에서 동북으로 향하는 고속도로와 철도가 산하이관을 거쳐간다. 청나라 황제들이 선양과 조상묘를 찾으러 갈 때도 이곳을 거쳐 갔기에, 당연히 황제 일행이 머물던 행궁이 필요했다. 해신묘를 돌아 나오는데 모래사장 위에서 노인들이 커다란 연을 날리고 있다. 우리나라도 전통 놀이로 연을 날리곤 하는데 중국에서도 마찬가지로 연을 날린다. 그런데 그 크기가 엄청 크다. 만리장성의 시작점 노룡두라고 써 있는 비석 앞에서 줄을 서서 찍은 인증샷은 평

생 잊지 못할 것 같다. 가족과 함께 만리장성이 시작되는 곳을 방문하게 된 것. 사람들이 붐비던 그 만리장성과는 또 다른 느낌이다. 주차장 인근에 다달아서 택시를 타고 천하제일관으로 돌아왔다. 어제 우리가 저녁에 둘러보았던 그 성안의 마을은 봄 바람과 함께 꽃가루 범벅들이 날아 다닌다. 안경을 썼는데도 불구하고 눈을 뜰 수가 없을 정도이다. 이렇게 큰 꽃가루를 경험한 것은 처음이다. 역시 대륙이다.

천하제일관

숙소 근처로 돌아와 체크아웃을 하고 점심식사를 하였다. 짐을 잠깐 호텔 로비에 맡겨두고 바로 옆에 있는 천하제일관으로 향했다. 중국의 웬만한 관광지 입장료는 80~100위안을 하는 곳들이 많다. 아직 사람들이 붐비지 않아 빠르게 천하제일관 입구로 들어갔다. 진황다오에서 꼭 봐야 할 명소중 하나가 바로 만리장성의 동쪽 끝에 있는 천하제일관이다.

천하제일관 안으로 들어오니 큰 호수가 하나 있다. 천하제일관 안을 통해서 들어가 문의 오른쪽으로 다시 들어가면 성벽 옆으로 커다란 호수가 나오고 조금 걷다보면 또 다른 문이 있다. 밖에서 보이는 만큼 생각보다 그 규모가 크지 않아 조금은 실망이다. 성문 안으로 들어간 사람들은 다 어디로 갔을까 문으로 나와서 보니 오른쪽으로 위로 올라가는 경사진 길이 있다. 우리나라의 성곽 몇 군데를 갔지만 중국의 성곽들은 높고 폭이 굉장히 넓다. 위에 올라가 본 천하제일관이라는 현판은 1929년에 제작된 모조품이다. 천하제일관은 화북과 동북을 통하는 군사적 주요 요충지이다. 예전에는 노룡두까지 쭈욱 이어져 있었는데 지금은 그렇진

않다. 그래도 대부분 보존되어 있다. 성곽 위에 올라서 주위를 둘러보니 커다란 마을을 성곽이 커다랗게 사각형으로 두르고 있다. 복원을 마친 곳도 있고 복원을 하고 있는 곳도 있다. 산쪽으로 향하는 성곽을 걷다보니 더 이상 가지 못하게 막아 놓았다. 노룡두로부터 이곳 천하제일관까지 그리고 저 산을 넘어 중국 대륙의 서쪽까지 길게 이어졌을 만리장성을 생각하니 괜히 가슴이 벅차오른다. 장성에서 내려와 옆 상점을 돌아보다 보니 우리나라의 강정 같은 것을 만들어 관광객들에게 파는 곳이 있다. 먹음직스럽긴 했지만 주먹 만한 크기로 날리는 꽃가루 때문에 먹은셈 치기로 하였다.

다시 한번 만리장성을 보며

여행 계획을 세우는 중에 만리장성의 시작점이라는 말이 너무나 매력적이었다. 이국적인 도시 톈진에 이어 아름다운 자연이 있는 전통의 도시 산하이관을 방문해보니 중국의 오늘날과 과거를 연이어 보는 느낌이 든다. 도시의 편리함이 좋지만 산하이관의 전통적인 중국 모습이 맘이 더 간다. 만리장성을 꼭 가보고 싶다고 외치던 초등학교 2학년이었던 아들이 어느새 엄마보다 훌쩍 커서 만리장성 시작점에 함께 왔다는 것도 믿기지 않는다. 산하이관 안의 예쁜 마을들, 바다 앞으로 장성을 빼서 쌓은 노룡두, 몽고족을 몰아내고 한족의 명나라를 세운 주원장이 몽고족과 이민족들을 껄끄럽게 생각하여 다시 복원한 만리장성. 이민족을 막기 위해 쌓은 산성의 동쪽 끝 정문으로 이민족이 들어와 새로운 나라를 세웠다는 것은 너무나 아이러니하다. 반복되는 역사의 굴레 속에서 우리는 어떻게 판단하고 행동을 해야 할지 여러 생각이 든다.

06장

4대 고도 중 하나인 난징(南京)

중국의 명절 단오절

중국에서는 춘절(음력 설), 단오절, 그리고 중추절(추석)을 3대 명절로 지정하여 보낸다. 이 중 단오절은 우리나라에서는 24절기의 하나로 알려져 있지만 명절로 보내지는 않는다. 중국에서는 단오절에 찹쌀을 대나무 잎이나 갈대 잎으로 싸서 찌거나 삶아 먹는데 이것을 종즈라고 한다. 중국은 워낙 땅이 커서 지역마다 종즈의 재료, 만드는 방법, 맛이 다르다. 단오에 종즈를 먹는 것은 고대의 시인 굴원을 기념하기 위해서이다. 기원전 3세기 굴원은 초나라가 함락된 데 비분을 금치 못해 5월 5일 강에 투신했다. 그 후 사람들은 이 날을 굴원을 기념하는 명절로 정했다. 해마다 이 날이 되면 사람들은 대나무 통에 찹쌀을 담아 강에 던져 넣는 것으로 제사를 지냈다. 종즈는 명절식품일 뿐만 아니라 민간에서 서로 기증하는 선물이다. 해마다 단오절이 되면 친척이나 친구 집에 방문할 때 종즈를 가지고 간다.

중국에서 거주하고 있는 아파트 욕실에 문제가 생겼다. 아랫집으로 물이 새서 수리를 하게 되어 며칠 동안 호텔 신세를 지게 될 판이다. 한국 안에서도 아니고 이국 땅에서 이런 일을 겪으니 여러 생각들로 머리가 복잡하다. 와이프의 중국어 학원 선생님께서 우리의 이런 사정을 아시고 위로차원에서 호텔까지 오셔서 종즈를 주셨다. 실제로 본 종즈는 한국의 뷔페에서 본 찜밥 또는 연잎밥과 비슷한 느낌이다. 주변 사람의 안좋은 상황을 위로하기 위해 그리고 단오절을 기념하기 위해 주고 받는 종즈, 오랫동안 기억될 일이다. 단오절을 맞이하여 우리 가족은 난징(南京) 여행 계획을 세웠다. 명나라의 초기 수도였던 곳, 중국 국민당의 흔적이 남아있는 곳, 난징조약, 난징대학살이 있었던 곳 정도의 기본적인 정보를 가지고 일단 비행기표, 숙소 등을 예약을 했다. 중국에서 여행을 몇 번 하다 보니 중국 고속열차에 대한 여러 장점 등을 느낄 수 있었다. 이번 난징 여행에도 고속열차를 고려해 보긴 했지만 중국이 워낙 크다보니 카오티에(시속 300km의 속도로 가는 고속열차)로는 9시간이 걸리고 일반

열차로는 21시간이 걸리기에 짧은 연휴를 활용해서는 비행기가 제격이다 싶어서 비행기 표를 끊었다.

중국의 4대 고도 난징

난징의 고대 역사는 10개의 왕조와 관련이 있다. 최초로 왕조의 수도가 된 것은 삼국시대 오나라의 손권이 도읍을 정한 때로 당시에는 건업이라고 불렸다. 이후 위진남북조 시기 오, 동진, 송, 제, 양, 진의 6왕조의 수도였기에 육조고도라고도 부른다. 1356년 명나라를 세운 주원장은 난징이란 이름을 처음 사용하면서 명나라의 수도로 정하였지만 명나라 3대 영락제 때 다시 베이징으로 수도를 옮겼다. 1911년 신해혁명으로 청나라가 멸망하고 1912년 중화민국이 수립되자 난징은 장제스의 국민당 정부의 수도가 되었다. 그러나 공산당과의 내전에서 패하며 타이완으로 국민당 정부가 옮겨가면서 수도의 지위를 상실하였다. 중국 공산당 정부는 과거 국민당 정부의 수도였던 난징의 위상을 고의로 떨어뜨렸지만 덩샤오핑의 개혁 개방 정책 이후 발전을 거듭하여 장수성의 성도로서의 발전된 모습을 보이고 있다.

중국에는 4대 석굴, 3대 고성 등 손으로 꼽는 것들이 매우 많다. 베이징, 난징(남경), 시안(장안), 뤄양(낙양)은 함께 중국의 4대 고도라고도 불리고 여름에 굉장히 덥기에 우한, 충칭과 함께 중국의 3대 화로라고도 불린다.

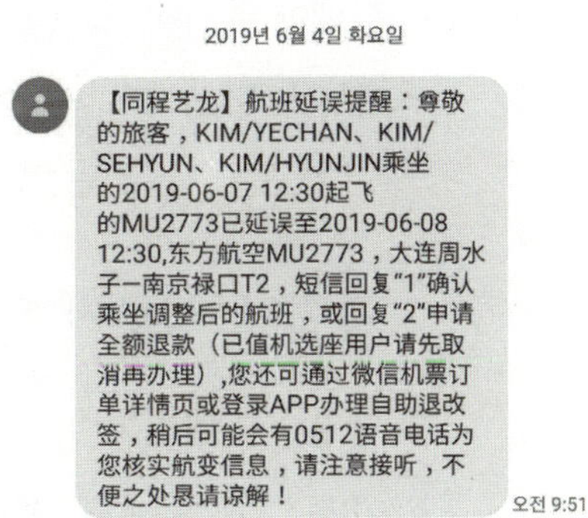

어릴 때부터 들었던 난징을 방문하게 되니 설레기도 했지만 여행자의 관점에서는 여러 부분을 고려해야 했다. 막상 가면 덥거나 추운 날씨에 피곤함과 고생을 감수해야 하는 것이 여행이다. 그럼에도 불구하고 기억이 추억으로 남게 되며 그 기억을 반복하려고 하는 것이 여행의 매력인 것 같다. 6월 초에 난징은 덥다는 이야기가 있지만 예전에 비해서는 덜 덥다는 이야기도 있다. 직접 경험한 것이 아니기에 옷 몇 벌을 더 챙기게 된다. 가족 여행 1주일 전 비행기 예약한 곳으로부터 다음과 같은 메시지가 왔다. 중국 자체가 항공편의 지연이 많다고는 들었지만 사전에 비행 자체가 취소되고 해당 항공편이 익일로 대체되니 매우 당황스럽다. 여행 자체를 포기해야 하나 싶었지만 거주하고 있는 집이 공사를 하는 관계로 어짜피 잘 됐다는 생각이 든다. 난징행 항공권을 바로 전 날 새로 예약해서 여행을 시작하게 되었다.

난징행 비행기가 아침 8시 50분 출발이다. 2시간 전쯤 공항에 도착하는 것이 일반적이라면 공항까지 1시간 정도 걸리기 때문에 적어도 5시쯤엔 일어나야 한다. 어쨌든 전날 짐을 꾸리고 일찍 잠을 청한 후 일어나 공항으로 출발하였다.

다롄에서 난징 로커우 공항까지는 1시간 30~50분 정도가 걸린다. 잠을 잘 못 잔 관계로 피곤함이 몰려온다.

국민당 정부가 있던 총통부

난징은 고대의 수도이기도 했지만 장수성의 성도로 지금도 번화한 도시이다. 그래서 대중교통이 매우 잘 되어 있다. 루커우 공항에서 난징의 최대 번화가인 부자묘(夫子廟)와 신지에코우(新街口)까지는 지하철로 연결이 되어 있어 이동이 편하다. 부자묘 근처에 숙소를 잡아 놓았기 때문에 짐을 호텔에 내려 놓고 처음 가기로 한 총통부로 이동을 하였다. 총통부는 명나라, 청나라 때에는 행궁 및 저택, 정치적으로 중요한 건물로 사용되었다. 후에는 대행궁(大行宫)으로 불리기도 했으며 태평천국 운동에는 난징을 다시 수도로 정하고 천징(天京)이라 칭하였기에 천왕부(天王府)를 조성했다. 1912년에는 신해혁명으로 쑨원(孙文)이 이곳에서 중화민국 임시대총통에 취임하면서 대총통부(大总统府)로 개칭되었다. 현재 난징에 있는 총통부에는 명나라를 거쳐 청나라 때 조성된 대행궁과 태평천국 시대의 천왕부는 화재로 소실되어 찾아볼 수 없으며, 중화민국 시대의 대총통부와 국민당 총통부의 흔적만 그대로 남아 있다.

난징은 중국 여러 나라의 수도이기도 했지만 중국 근대사의 여러 아픔이 담겨 있는 도시이다. 신해혁명을 이끈 혁명가이며 중국국민당을 세웠던 쑨원(孫文)이 죽은 후 장제스(蔣介石)는 1928년부터 1949년까지 중국 국민당 정부의 주석을 지냈고 1949년 이후에는 타이완의 국민정부 주석을 지냈다. 혁명군의 총사령관으로 재임하면서 중국 북부의 군벌들을 제압하고 중국 전역을 장악했으나, 일본이 미국에게 항복한 후 국공내전을 시작하여 1949년 중국 대륙 본토를 공산당에게 내주게 되었다. 그는 국민당 잔여부대를 이끌고 타이완으로 건너가서 국민당 지도자들과 함께 중화민국을 건국하고 장기간 통치했다.

어린 시절 기억으로는 공산주의 국가인 중국에 비해 자유중국이라 불리는 타이완과의 교류가 많았다. 반공의 이데올로기가 강했던 시절이라 타이완과 우리나라의 처지가 비슷한 부분들이 많았었다. 하지만 어느새 중국과의 교류가 이어지면서 중공이라는 표기를 중국이라는 표기로 바꾸면서 하나의 중국을 표방하기에 타이완과의 국교가 단절되고 만다. 명나라, 청나라의 시대까지는 모르겠으나 타이완으로 옮겨간 국민당 정부의 흔적이 중국 본토에 남겨져 그대로 보존하고 있다는 사실이 흥미로웠으며 국민당을 세운 쑨원(孫文)이 중국의 국민들에게도 존경을 받고 있다는 사실이 한편으로는 신기하기도 하였다.

부자묘역에서 지하철 3호선을 타고 대행궁(大行宫)역 5번 출구로 나가 조금만 걸으면 총통부가 있다. 바로 옆이 신해혁명을 기념하는 상점 1912 거리가 있어 총통부를 관람한 후 식사를 하거나 차를 마셔도 괜찮을 것 같다. 단오절이라 인산인해이다. 총통부 입구 양 옆에는 관광객들을 대상으로 할인티켓이나 더운 날씨에 먹을 생수나 빙과류를 파는 사람들로 가득하다. 할인티켓을 사려고 하였으나 정확한 의사소통이 어려운 관계로 매표소에 들어가 입장권을 구매하였다. 입장권 창구는 현금 전

용, 그리고 위챗 전용 창구로 나누어져 있다. 성인은 40위안, 학생은 20위안인데 외국인이라 신분증 대신 여권을 보여줬더니 중학교

1학년인 아들은 무료로 입장을 하였다. 자신의 역사를 누구보다도 자랑스럽고 소중하게 여기는 중국인들의 모습이 총통부 안 곳곳에서도 보인다. 우리나라 국토의 몇십 배가 되는 대륙 곳곳에서 며칠, 몇 시간씩 걸려 와 자신들의 유물, 유적들을 보고 자랑스러워 하는 그들의 모습이 대단하게 생각된다.

현재의 총통부 건물은 쑨원과 장제스의 국민당 흔적이 남아 있는 곳이다. 신해혁명 당시 중화민국 임시 대총통인 쑨원(孫文)의 집무실로 사용되었고 장제스(蔣介石)가 북벌을 시작하면서 이곳을 국민정부의 본부로 삼았다. 제2차 세계 대전 종료와 함께 국민정부가 건물 이름을 "總統府"로 바꾸었으나, 불과 2년 만인 1949년 4월에 공산군에 함락되었다. 중화인민공화국은 이후 이 건물을 장수성 정부청사로 쓰다가, 지금은 중국 근현대사 박물관으로 공개하고 있다.

입구에 들어서자 마자 쑨원이 직접 쓴 편액 ('천하위공(天下为公)', '온 세상은 일반 국민이 공유하는 것이다.')이 보인다. 많은 관광객들이 편액을 배경으로 사진을 찍는다. 총통부는 크게 3부분으로 나뉘어져 있으며 난징 총통부 시절 내부가 고스란히 보존되어 있다. 우리나라에서도 옛날 대통령 별장 청남대에 가면 비슷한 느낌을 받을 수 있다. 국민당 회의실, 국민당 시대의 훈장, 국민당원의 단체 사진 등을 볼 수 있으며 장제스의 집무실도 보존되어 있다. 중국의 근대사뿐 아니라 정원, 옛 정취까지 모두 느낄 수 있는 곳이 난징 총통부이다.

중국의 3대 박물관 난징 박물원과 명고궁터

중국의 3대 박물관은 베이징의 고궁 박물원, 시안의 산시성 박물관, 난징의 난징 박물원을 가리킨다. 세계 4대 박물관의 하나인 대만의 고궁 박물원의 명성 때문에 가려지는 경향이 있긴 하지만, 난징 박물원은 지역의 특색을 잘 살린 박물관으로 평가받고 있다. 중국에서는 박물관보다 규모가 크고 종합적인 곳을 박물원이라고 부른다. 난징 박물원은 1933년 개관 되었을 때 영국의 대영 박물관, 프랑스의 루브르 박물관과 어깨를 나란히 할 정도로 높은 평가를 받은 중국의 대표적인 박물관이다.

개관 초기에는 국보급 소장품들이 많았으나, 국공 내전 당시인 1948년 국민당이 타이완으로 퇴각하는 과정에 국보급 유물 대부분을 가지고 갔다. 이 과정에서 국립 중앙 박물원 건립은 물거품이 되었지만, 난징 박물원은 여전히 중국에서 다섯 손가락에 꼽히는 박물관이다. 총 40만 점의

문물이 전시돼 있고, 그중 10여 점이 국보급이다.

중국의 대도시를 여행하면서 느끼는 점은 지하철이 도시 곳곳으로 잘 연결되어 있고 깨끗하게 되어 있다는 것이다. 지하철을 탈 때 난징 박물원은 "明故宫站" 1번 출구를 나와, 조금만 걸으면 나온다. 입장료는 무료이며 신분증이나 여권을 보여주면 박물관 입장권을 준다. 난징 박물원은 총 6개 테마인 역사관, 기획전시관, 예술관, 디지털관, 민국관, 무형문화관으로 나뉘어 있으며 지하로 모두 연결이 되어 있어서 이동하기 편리하다.

역사관은 장쑤성 일대에서 발굴된 선사시대부터 청대까지의 문물을 진시하고 있다. 박물관 중앙에 있는 역사관은 2층으로 입장해서 1층으로 관람하는 구조다. 공룡과 매머드 화석부터 토기와 청동기 유물을 볼 수 있다. 전국시대의 착금은립조기하문호(错金银立鸟几何纹壶)가 국보급 유물이다. 남조의 죽림칠현(竹林七贤) 역시 수작이다. 민국관은 중화민국 시절의 난징 거리를 생생하게 재현해 놓았다. 기차 플랫폼, 우체국, 옛 상점 등이 즐비해서 기념사진을 찍기 좋다. 우체국에서는 실제로 엽서를 붙일 수 있다. 그 밖에 매 분기 특별전이 열리는 기획 전시관도 볼만한다.

난징 박물관 반대쪽 명고궁역 2번, 혹은 3번 출구로 나오면 명고궁과 우문을 볼 수 있다. 궁은 없고 현재는 터만 남아있다. 명고궁은 명태조가 처음 도읍을 정했을 당시의 황궁터이다. 베이징 자금성 규모에는 못 미치지만 형식은 같다. 궁의 규모를 짐작할 만한 것으로는 황궁의 정문에 해당하는 오문(午門)의 축대가 남아있다. 건물은 없어져 버렸지만 축대만으로도 장대했을 규모가 짐작된다.

난징 대학살 기념관

난징은 강남지역의 따뜻한 기후 특성상 경제적으로 풍요로웠다. 따뜻한 기후와 함께 길거리에는 하늘을 가릴 정도로 높게 가로수들이 심어져 있다. 오랜 역사를 가지고 있는 대도시이면서도 나무가 많은 모습을 보면 삭막한 도시 속에서 여유가 느껴진다. 그래서 난징 거리에서 보는 사람들의 모습에서도 여유가 느껴지는 것일까? 난징의 유명한 작가는 '오동나무는 난징 문화의 중요한 일부분이다.'라고 했다. 그만큼 난징 곳곳에는 두 갈래로 갈라진 오동나무가 많다. 국민당 정부가 난징을 수도로 삼았을 때 장제스는 오동나무에 반해 프랑스에서 수입하는 계획을 세웠고 거리 곳곳에 오동나무를 심었다. 하늘을 가린 오동나무 가로수 길은 중국과 서양의 조화를 나타내주는 난징의 상징이 되었다.

숙소에서 나와 기분 좋게 오동나무 가로수길의 그늘을 걸으면서 다음 여행지로 향했다. 지하철 2호선 윈진루(云锦路)역에서 하차하면 바로 난징대학살 기념관에 도착한다. 그러나 2번 출구를 공안이 막고 건너편 출구로 나가라고 한다. 일단 나가보니 그 이유를 알 수 있을 것 같다. 기

념관에 들어가려는 사람들이 워낙 많아 2번 출구로 많은 사람들이 몰려 2번 출구는 일방통행 격으로 지하철 역사로 들어가게끔만 하고 있었다. 더운 날씨와 함께 기념관에 들어가기 위해 길게 줄을 선 사람들. 기념관 관람을 위해서는 아침부터 서두르는 것이 좋다고 했던 말이 생각난다. 피곤함에 호텔에서 조금 여유를 부렸더니.... 40분 남짓 긴 줄을 선 후 공안이 몸을 수색하고 엑스레이 검사를 한 후에야 입장할 수 있다. 여행을 오기 전 블로그를 통해 난징 대학살에 대한 영상을 봤었다. 난징 대학살에 대한 기억을 가지고 있는 난징 시민들은 그 때를 떠올리며 분노와 함께 슬픔의 눈물을 흘리고 있었다. 그 당시 많은 학살로 양쯔강이 핏물로 변했다는 증언도 있다. 일본은 사과 하지 않고 중국에서 만들어낸 이야기라고 잘못을 숨기고 기념관 곳곳에 표기된 300000이라는 숫자는 난징에서 6주 동안 대학살로 희생된 희생자의 수를 의미한다. 1937년 12월에 일본군에 의해 자행되어 30만 명이 죽은 난징 대학살은 중국인들의 아픔이다. 12초에 한명 꼴로 희생이 되었다고 하여 전시관 내부에는 12초마다 물방울이 떨어지는 소리가 들리는 곳이 있다. 같은 아픔을 가지고 있는 민족으로서 마음이 아려온다. 난징 대학살 기념관 앞에는 엄마가 죽은 아이를 안고 있는 동상이 있는데, 동상만 보고 있어도 당시의 처절함이 느껴진다. 난징 대학살기념관에 들어가면 희생자의 사진이 있다. 난징 대학살기념관은 일본에 집단 학살을 자행했던 13곳 중 한 곳이다. 하루 만에 일본군은 중국군 포로와 민간인 1만 명을 이 곳에서 기관총으로 살해했다. 수백여 구의 유해가 발굴된 현장을 보존해 놓은 곳도 있다. 대학살 기념관은 크게 3개의 전시실로 나뉘어진다. 학살지에서 발견된 유골을 모아놓은 기념실, 일본군 만행 전시실, 일본 군국주의 침략사 전시실로 나뉘어지며 야외에는 통곡의 벽, 생존자들의 발자국 부조가 전시되어 있다.

전시관 끝에는 历史可以宽恕, 但不可以忘却. 前事不忘, 后是之師 (용서할 수는 있지만 잊어서는 안된다. 과거를 기억해 미래의 스승으로 삼아야 한다.)라는 문구가 적혀 있다. 가슴 아픈 역사의 현장이며 다시는 일어나서는 안 될 역사의 일이다.

세계문화유산 명효릉

명효릉(明孝陵)은 명나라 태조인 홍무제 주원장과 마황후의 무덤이다. 효릉(孝陵)이라는 명칭은 마황후의 시호인 효자(孝慈)에서 따왔다. 주원장 생전인 1381년 착공을 시작하여 30여 년에 걸쳐 완성되었다. 명효릉을 방문하는 사람들은 보통 중산릉 그리고 영곡사와 함께 코스로 찾으며 중산릉은 입장료가 무료이지만 명효릉과 영곡사는 패키지 입장권을 판매하고 있다. 명효릉은 난징의 숲이 울창한 쯔진산(紫金山)의 중산공원 내에 위치해 있다. 중산공원은 난징 중산 풍경명승구로 불리는데 굉장히 넓은

면적에 명효릉뿐 아니라 중산릉, 손권묘, 영곡사, 쉬안우호 등 다양한 볼거리가 있다. 워낙 넓어서 작은 셔틀을 타고 이동해야 한다. 더운 날씨이기에 지하철 2호선 하마방(下马坊)역에서 내려서 입장권을 판매하는 매표소를 찾았다. 명효릉 쪽으로 올라가는 도로는 단오절 관광지에 찾아온 관광객들의 차로 막히는 상황이다. 인터넷 검색 등을 통해 어떻게 표를 구매하는지 알아놨지만 막상 매표소 앞의 많은 인파와 조금은 다른 안내 문구 등으로 혼돈스러웠다. 시간이 좀 늦기도 했고 더운 날씨에 지쳐 있기도 해서 명효릉과 중산릉만 보고 올 생각에 표와 탑승권을 끊었다. 친절하게도 아들의 표는 학생이라 무료라고 안내를 받았지만 명효릉 앞에 가서 결국엔 학생 표를 다시 구매해야 했다. 줄을 서서 셔틀버스를 타고 명효릉 인근에 도착하였다. 구입한 입장권을 보여준 후 입장을 하는데 공항에서 사진을 배경으로 찍었던 신도상이 보이지 않는다. 어디 있지? 일단 명효릉과 세계문화유산이 표시되어 있는 표지석에서 사진을 한 컷 찍은 후 입장을 했다. 중국은 무엇이든 크게 만든다. 크기로 비교할 수는 없지만 경복궁 근정전을 보다가 자금성의 그 크기를 보고 놀랐던 기억이 난다. 고속열차를 타고 2~3시간 걸리는 거리는 가깝다고 말하는 이곳, 고속열차 밖으로 보이는 많은 산과 건물들을 다 헤아리려면 이 곳의 규모는 대체 어떻게 되는 걸까? 결국엔 놀라움과 함께 부러움으로 마무리를 하게 된다. 한 나라를 세운 태조의 무덤답게 그 규모가 크다. 30년 동안 이 무덤을 만들면서 막세운 나라를 파탄시킬 위험까지 몰고갈 정도였다 한다. 지금은 오랜 시간이 지나고 전쟁이 일어나면서 많은 부분이 소실되었다 한다. 주원장은 밥을 먹을 수 없을 정도로 가난했다. 당시 시대가 혼란해서 도적들이 약탈을 하고 난이 자주 일어나곤 했는데 주원장도 홍건적의 난에 참여하고 두각을 나타내면서 군을 통솔하고 명나라를 세우기에 이른 것이다.

명효릉을 따라가다가 처음으로 만나는 다리는 돌로 된 아치형 모양으로 5채가 나란히 놓여져 있어 정북쪽 200미터 안의 5개 궁문과 일직선상에 있다. 첫 번째 문 입구까지가 상당히 멀다. 문무방문은 명효릉 능실의 첫번째 문이다. 담벽 아래 보존된 일어, 독일어, 이탈리아어, 영어, 프랑어, 러시아어 6개국 문자로 조각된 '특별고시'비는 청나라 때 명효릉을 보호하기 위하여 세운 비다. 비 양쪽에는 건륭황제의 글자가 적혀 있는 어비가 보존되어 있다. 향전은 주원장과 황후, 임금의 소실들의 위패를 모시는 곳이며 세층의 돌을 쌓아 만든 기초 위에 건축된 정면 9칸, 측면 5칸의 거대한 나무 구조의 건축으로서 지금도 56개 주춧돌이 보존되어 있다. 승선교는 아치가 하나인 석조다리이며 양쪽에 난간이 있는데 주원장의 영구가 이 다리를 거쳐 지나가 승선교라고 한다. 바로 정면으로 보이는 높은 성루의 높이가 굉장히 높다. 명루는 명효릉이 처음 개척한 건축형식으로 명효릉 건축의 최고점이다. 지붕은 황색 기와로 덮혀졌

고 남쪽에 아치형 문이 3개 있고 동, 서, 북쪽에 각각 아치형문 1개씩 있다. 명루의 문을 통과해서 올라가는 길이 경사가 있다. 명루의 지붕은 청나라 함풍년 시기 전란에 훼손됐다. 명효릉 전체에 울창한 산림이 조성되어 있어 명루가 높기는 하지만 주변 풍경을 모두 조망할 만큼 높지는 않다. 명루 뒤쪽의 야산이 주원장이 묻힌 무덤이다. 우리나라와 달리 무덤 위를 관리하지 않고 풀과 나무가 나는대로 두기 때문에 무덤인지 알 수가 없다. 그 크기 또한 우리나라의 왕릉과는 비교가 되지 않게 크다. 명효릉을 보고 나서 찾은 석상로는 효릉신도의 첫 부분으로서 사자, 해태, 낙타, 코끼리, 기린(전설상의 기린), 말 등 6종류의 석상이 차례대로 세워져 있다. 능 앞에 낙타를 세워 놓은 것은 명효릉이 처음이다. 낙타를 세워 놓음으로 서역과의 교류를 통한 국력의 강성 국가의 번영을 상징한다. 기린은 고대사람들이 상상해낸 길한 동물이며 호랑이, 사자, 소, 용의 형태를 한 몸에 가지고 있는 동물로서 황제의 인덕을 나타낸 길한 동물이며 황제릉에만 사용될 수 있는 것이다. 해태는 곰의 눈과 독뿔을 가진 동물이며 또한 법수로 불려지는 전설 중의 신수이다. 능 앞에 세워 놓음은 정직함의 뜻을 나타내고자 하는 데 있다. 사자는 짐승의 왕으로 존칭되고 있으며 영활하고 용맹하여 다른 짐승들이 무서워한다. 또한 불교에서는 호법의 영물로 여긴다. 능 앞에 놓여진 석사자는 황제의 위엄과 세력의 강대함을 보여준다. 석코끼리는 조형이 간단하고 생동하다. 말은 명나라 때 조회 의식 때 능 앞에 반드시 비치되는 동물이다. 석마의 두 눈의 눈빛은 살아 있듯이 의기양양하며 마치 황제생전의 공적을 자랑하는 듯하다.

신기함과 중국 특유의 오묘함을 느끼면서 중산릉으로 향하였다. 조금 거리가 있긴 하지만 걸어서 충분히 갈 수 있는 거리이기에 급하게 서둘러 중산릉으로 갔다. 입장료는 무료이지만 티켓을 받아야지만 입장을 할 수 있으며 사전 예약제를 시행하고 있었다. 인터넷 및 휴대폰 QR 코드를 통하여 2시간 단위별로 사전 예약을 할 수가 있다. 외국인이면 여권을 보여주면 입장을 할 수도 있다고 얼핏 본 기억이 나 관광 센터 창구 직원에게 번역기 등을 통해서 도움을 구했는데 입장이 끝나는 것으로 알고 있는 5시 30분부터 입장이 가능하다고 한다. 번역기의 오류인가? 중산릉 입구에는 QR 코드를 통해 열심히 입장권을 받으려는 사람들이 아직도 많아 그 사람에게 물어봤지만 그들도 정확히는 모르는 것 같았다. 셔틀버스 도우미 아주머니께 중산릉 몇 시까지 입장할 수 있냐고 물어보니 5시에 끝난다고 한다. 누구 말이 맞는 거지? 일단 시간도 늦은 것 같고 지치기도 해서 내일 아침을 기약하며 숙소 근처로 돌아갔다.

공자의 사당 부자묘

중산공원 지구의 커다란 오동나무 길을 따라 걸어내려 오면서 택시를 잡으려 했는데 잡히질 않는다. 결국엔 지하철역까지 걸어가 지하철을 환승하여 우리 숙소가 있는 부자묘역에서 내렸다. 가족들 모두가 더위, 배고픔에 몹시 지쳐 있다. 아들이 갈비가 먹고 싶다고 한다. 나도 그렇다. 검색을 통해 한식집을 몇 군데는 알아 놨지만 눈에 보이지가 않는다. 얼큰한 맛을 느끼고 싶어 인근 마트에서 초밥과 함께 컵라면을 사가려는데 韩国饮食이 라는 간판이 눈에 띈다. 골목을 따라 갔더니 한국 사람이 차린 식당이 있다. 식당에 입장할 때부터 종업원들이 한국어로 "안녕하세요."라고 인사를 한다. 식당으로 들어가니 인테리어, 부착물, 메뉴판 등이 모두 한국식으로 되어 있어 정말 한국에 온 느낌이 든다. 중국의 식당에서는 냉면, 떡볶이, 김치찌개 등 한국음식을 팔기도 하지만 한국에서 먹는 그 맛과는 다르다. 메뉴판을 보면 한국 맞춤법이 틀리게 적혀 있어 웃음이 나기도 한다. 우리가 간 한식집은 한국식으로 종업원을 교육시키고 철저히 관리하는 곳이었다. 중국사람들에게도 인기가 많아 사

람들로 북적인다. 양념갈비와 김치찌개를 주문한 후 기본 반찬으로 나온 콩나물 무침, 계란말이, 겉절이 김치 등을 급하게도 해치웠다. 배부르고 맛있게 먹은 후의 포만감으로 숙소에 들어가려다보니 부자묘가 바로 옆에 있어 그곳으로 향하였다. 역시 배부터 채워야지 다른 것들이 보이는 듯하다.

부자묘는 신지에코우와 함께 난징 최대의 번화가에 있다. 부자묘 일대는 상하이의 예원상성처럼 고풍스런 건물들이 보이는 상업 골목이다. 부자묘로 불리는건 공자를 모시는 사당이 옆에 있고 이곳과 어우러져 난징 최대의 번화가를 조성하고 있어 부자묘로 불린다. 특히 신지에코우 보다 야경이 화려하고 각종 공연들이 많아 관광객이 많이 모이는 곳이다. 부자묘 앞에는 친하이허(秦淮河)가 있다. 좁은 곳인데도 강과 배 그리고 건너편의 조명을 띤 용의 문향들이 있다. 야경과 물에 반사된 건물 모습들이 중국 특유의 분위기를 자아낸다. 중앙광장에는 인력거꾼들이 관광 손님을 태우려 대기하고 있는 모습도 볼 수 있다. 부자묘는 공자를 모시는 큰 사당으로 과거시험을 이곳에서 치루기도 했다. 옛날 이곳이 난징의 교육 성지라고 불릴 만큼 대단했다고 한다. 주변의 전통가옥들이 복원이 잘 이루어져 볼거리가 매우 많다. 전통가옥뿐만 아니라 야시장, 음식점, 기념품점이 많다. 특히 길거리 음식도 많은데 유명한 취두부도 있다. 부자묘는 티켓을 산 후 입장할 수 있고 그 앞에서 전통복장을 한 사람들이 조명과 함께 사람들의 눈길을 끈다. 중국 어디나 현대와 조화로운 전통의 모습이 신기하기만 하다.

쑨원의 묘 중산릉

어제 못간 중산릉은 난징에서 꼭 가야겠다는 생각을 한 곳이다. 다음날 점심 비행기로 다롄으로 돌아가야 하기에 아침 일찍 일어나 가는 수밖에 없다. 아침 도로가 한산하다는 생각에 일찍 일어나 택시를 타고 중산릉 입구까지 갔다. 관광 센터 창구 직원에게 물어보니 예약을 하지 않은 외국인이 따로 입장권을 받을 수 있는 곳을 가르쳐 주었다. 해당 장소로 가서 여권을 보여주고 입장 티켓을 일사천리로 받을 수 있었다. 신의 한수라는 생각에 기쁨이... 낮의 뜨거운 열기와 많은 인파가 아닌 한

산한 중산릉을 아침 일찍 방문하니 기분이 더더욱 좋았다. 중산릉 입구에서 사진을 찍고 여러 무리의 관광객들과 중산릉을 향하여 걸어 올라갔다. 아침 일찍임에도 불구하고 사람들이 많이 들어오기 시작한다.

중산릉은 중국 근현대 정치가 쑨원의 묘가 있는 곳이다. 중산은 쑨원의 호이며 릉은 왕의 묘를 뜻한다. 중산릉은 쑨원을 지지하고 존경하는 중국 국민정서가 반영되어 있는 곳이다. 베이징에 가면 만리장성에 오르듯 난징에 오면 중산릉을 꼭 들르는 것이 중국 사람들의 필수 여행 코스라고 한다. 쑨원의 사망 당시 중국의 인구가 3억 9천 2백명이었다 해서 계단이 392개이다. 계단은 가파르게 위까지 쭉 이어져 있다. 쑨원은 1925년 3월 국민혁명이 한창일 때 베이징에서 죽었다. 쑨원의 장례는 장제스에 의해 북벌이 이루어진 1927년 국민정부 치하에서 국장으로 행하여지고 난징 교외에 그 시신을 매장하였다. 이 능묘는 1,300㎢의 넓이로서 청천백일기를 상징하는 기와와 지붕이 산허리에 솟아 있는 모습을 하고 있다. 국민정부는 이 곳을 성역화함으로써 그들 정권에 권위를 부여하였다. 국민정권은 타이완으로 옮긴 뒤, 타이베이에 중산릉을 다시 만들었다. 하지만 진짜 중산릉은 이곳 난징에서 중국공산당 정권에 의하여 잘

보존되어 있다. 계단 끝까지 올라가니 쑨원의 상이 있어 사람들이 참배를 한다. 계단 아래로 펼쳐진 숲이 장관이다. 어찌보면 국민당의 흔적인 총통부나 쑨원의 묘를 보존하는 것이 신기하다. 쑨원은 국민당을 만든 인물이기도 하지만 중국과 타이완 모두에게 국부로 불려지며 존경 받는 인물이다. 마오쩌둥에겐 정적이기도 한 장제스의 흔적도 중국 곳곳에 있는 걸 보면 역사의 흔적을 당시의 해석으로만 보지 않고 보존하는 모습들이 존경스럽기도 하다.

난징의 매력

대도시이기도 하면서 중국의 전통이 고스란히 보이는 난징, 요즘 중국의 대도시들은 현대화, 서구화를 추구하면서 도시 중심부에는 높은 빌딩들이 많다. 그래서인지 어쩔 때는 중국의 전통적인 모습을 볼 수가 없어 실망스럽기도 하다. 난징 전부를 돌아본 것은 아니지만 내가 가본 곳은 현대의 건축물이어도 저층이 대부분이고 인근에 전통적인 건물들과 문화재가 조화롭게 형성되어 있었다. 도시 곳곳에는 오동나무 가로수가 우거져 그늘을 만들어 주고 도시의 멋을 더해준다. 몇 십 년이 지나면 헐어내고 재건축을 추진하는 우리의 모습과 조금은 비교가 된다. 물론 중국도 재건축을 많이 하고 있는 추세다. 시간이 부족해 현무호와 명나라 성벽을 오르지 못해 아쉽다. 인근 진강이라는 곳에 대한민국임시정부의 흔적도 남아 있다는데 이 역시 아쉽다. 여행은 여유롭게 다녀야 하는데 늘 시간에 쫓긴다. 떠나서도 여운이 계속 남는 역사의 고도인 난징, 대대로 강남 특유의 부를 누렸던 도시이면서도 일본의 침략으로 아픔도 있는 도시, 자신들의 역사를 자랑스럽게 보존하며 그 먼 거리를 찾아와 둘러 보고 가는 그들의 모습이 대단하기도 하고 부럽기도 하다. 이곳 난징! 중국의 모든 도시처럼 다시 한번 꼭 오고 싶은 도시 중 하나이다.

07장

세계의 허브도시 상하이(上海)

교사의 삶과 마음속 여유

여름방학이 시작되었다. 교사에게도 방학은 참 좋다. 학생들과 교실 속에서 지내느라 나이를 잊고 허우적 거릴 때가 많다. 연수를 받고 여행을 하는 시간을 통해 교실 속 삶도 어른으로 받아들일 여유를 찾아야 한다. 중국에서 처음으로 맞는 방학이다. 가족 모두 5개월 만에 한국으로 들어가는 것이다. 한국에서 소중한 사람들을 만나면서 일상 속에서 감사할 것들이 참 많다는 것들을 느낀다. 가족과 친구들을 만나고, 중국에서 못 먹던 한국음식들을 먹고, 문화생활을 즐기고... 새삼 우리나라가 참 좋은 나라라는 것을 느낀다. 순식간에 10일이 지나갔다. 더 있고 싶은 마음도 있었지만 아들 중국어 과외 등의 일정을 위해 중국으로 돌아가기로 하였다. 막상 한국을 떠날 때는 아쉬운 마음도 있었지만 중국에 며칠 있다 보니 맘이 더 편하다.

한국에 가기 전 시안(서안)행 비행기표를 예매했다. 신서유기라는 텔레비전 프로그램 등을 보면서 어릴 때부터 책으로만 봐왔던 병마용 및 진시황릉 등을 가족과 꼭 보고 싶은 생각이었다. 하지만 한국에 들어갔다가 여름 무더위를 겪고 오니 무리라는 생각이 들어 일단 모두 캔슬을 해 놓은 상황이다. 하지만 아쉬운 생각이 들어 여행 떠나기 2일 전 we chat으로 비행기 예약을 하고 하루 전 숙소 예약을 했다. 중국에 오기 전까지는 중국여행을 해본다는 생각은 전혀 하지 않았었다. 두렵기도 하고 같은 금액이면 일본이나 동남아 지역을 갈 생각을 했던 것 같다. 하지만 중국에 와서 가족들과 곳곳을 다니다보니 중국처럼 매력 있는 나라가 있을까?라는 생각이 든다. 이번은 무리한 여행을 좋아하지 않는 와이프가 더 가고 싶어 하는 곳이다. 세계 속의 도시 상하이!

과거 상하이는 작은 어촌 마을에 불과했다. 근대 200년의 시간에 걸쳐 중국의 요동치는 역사와 함께 상하이의 모습도 함께 성장하였다. 상하이 성장의 기본 배경은 난징조약을 이야기할 수 있다. 난징조약은 1842년 아편전쟁을 종료하기 위하여 영국과 청나라가 체결한 조약이다. 이전의 광동협정으로 중국은 6백만불의 배상금을 영국에게 지급하였다. 중국 국민들이 반발하자 영국이 상하이를 점령하고 난징까지 진격해 청나라

는 난징조약을 체결할 수밖에 없었다. 영국에 대한 대우, 조관 등의 특혜가 주어지자 이어지는 다양한 유럽 나라들과의 조약들로 경제와 정치 문화에 서양문물이 들어오게 되었다. 1937년에 중일전쟁이 있기 전까지 뉴욕, 런던과 더불어 상하이는 세계 3위에 오른 금융시장이었다. '아시아의 월스트리트'로 외국계 은행들이 이곳에 진출해 호황을 누렸지만 1949년 중화인민공화국이 수립되면서 홍콩, 싱가폴 등으로 자본가들이 떠나면서 쇠퇴하였다. 1978년 덩사요핑(등소평)의 경제를 살리기 위한 노력으로 상하이는 다시 고층 빌딩 속 최고급의 명품 숍거리들이 생기고 유럽풍의 다양한 카페들이 즐비하게 되어 관광객들이 가고 싶은 도시로 변모를 한다.

상하이의 관문 푸동공항

상하이라는 도시는 워낙 많이 알려진 곳이고 여러 번 여행 계획을 짜보곤 해서 대략의 정보들은 알고 있는 곳이다. 하지만 급하게 계획을 세우다 보니 최적의 여행 코스에 대한 생각으로 밤을 새며 계획을 세우게 되었다. 한국에서 무더위를 겪고 온 데다 비몽사몽으로 여행 바로 전날 숙소까지 예약을 하다 보니 컨디션이 썩 좋지가 않다. 하지만 여행은 우리를 들뜨게 하는 무엇인가가 있지 않은가? 짐을 급하게 싸고 중국의 대표 도시 상하이 푸동 공항행 비행기에 몸을 실었다. 상하이 국제공항은 외곽지역에 있는 푸동 공항과 도심에서 가깝게 위치한 홍차오 공항 두 곳이 있는데 푸동 공항으로 가는 노선이 훨씬 많다. 중국에서 가장 많이 이용되는 3개 공항 중 하나인 푸동 공항은 상하이에 취항하는 항공기의 60% 정도가 뜨고 내린다. 1999년에 문을 연 후, 꾸준하게 시설을 확충하여 늘어나는 수요를 계속해서 채워나가고 있는 중이다. 한국에서 갈 때와 마찬가지로 다롄에서 푸동 공항까지는 비행기로 1시간이 조금 더 걸린다. 기내식으로 샌드위치를 먹고 나니 금세 상하이에 도착한다. 공항 규모부터 남다르다. 중국에 와서 늘 놀라곤 하는 것은 무엇을 만들던지 그 규모를 보면 괜히 대륙이 아니구나 싶다. 여행 계획을 세울 때부터 상하이 공항에서의 혼잡함에 대한 이야기를 들었었다. 입국장을 나와 여러 블로그에서 봐 왔던 자기부상열차(Maglev)를 타러 갔다. 푸동 공항에서 시내까지 들어가는 방법은 택시, 버스, 지하철, 마그레브 총 4가지가 있다. 각 지역에 따라 조금씩은 다르지만 공항으로부터 시내까지의 접근

방법은 뚜벅이로서는 지하철이 가장 편하다. 상해 푸동 공항에서 자기부상열차(Maglev)를 타면 종착지인 2호선 환승역 룽양루역까지 최고 속력으로 8분이 소요된다. 자기부상열차(Maglev) 가격은 편도와 왕복금액이 서로 다르며 왕복으로 구매를 하였을 때는 유효기간이 7일이다. 20분 간격으로 출발하고, 일반석 편도 70위안, 유효기간이 일주일인 왕복권은 80위안이다. 당일 항공권을 소지하고 있는 사람에게는 편도 티켓을 40위안에 살 수 있게 할인한다. 자기부상열차(Maglev)는 좌석 번호와는 상관없이 앉을 수 있으며 캐리어를 보관하는 칸이 따로 있으나 자리가 넓어서 가지고 타도 상관이 없다. 내부에 열차의 속도가 나와 있어 지켜보는 것도 재미가 있다. 보통의 여행객들은 난징동루 또는 인민광장 근처로 가는 경우가 많다. 우리도 와이탄 인근에 있는 난징동루역에서 내리기로 하였다.

난징동루와 와이탄

한국에 있을 때의 여름도 너무나 더웠다. 중국의 여름도 덥다는 것은 알고 있었지만 진짜 해도 해도 너무 덥다. 중국에 처음 올 때 생각했던 것은 베이징과 상하이는 적어도 2번 이상은 가야겠다는 생각을 했다. 그만큼 살펴봐야 할 것들이 많고 그것을 보러 온 관광객들도 많아서 짧은 일정에 모두 둘러보고 오기란 쉽지가 않기 때문이다. 상하이를 오롯이 보고 듣고 느끼기 위해 이번 여행도 무리하게 일정을 잡지 않았다. 하지만 더운 날씨와 애매한 숙소 위치로 인해 결국엔 일정을 조정해야 했다.

난징동루는 상하이의 핫플레이스다. 높은 빌딩, 상가, 카페, 멋스러운

건물, 빌딩 위로 보이는 건너편 동방명주, 와이탄 거리 등으로 인해 언제나 인산인해다. 중국의 국경절 중 하나인 노동절에 텔레비전을 통해 본 와이탄 거리는 사람들로 가득차 사람에 떠밀려 앞으로 걸어 나갈 정도였다. 중국 사람들도 경제상황들이 많이 좋아져서 이제는 휴일이면 대륙 곳곳으로 여행을 다닌다. 대륙 곳곳으로 거미줄처럼 연결된 고속열차, 비행기는 국경일 및 연휴가 되면 대륙인구의 4분의 1을 움직이게 하는 기반이 된다.

상하이 숙소는 가성비를 따져 난징동루와 예원의 중간정도에 자리 잡은 곳으로 예약하였다. 숙소는 더할 나위 없이 깨끗하고 좋았지만 상하이에 있었던 4일 내내 난징동루와의 접근성이 떨어져 우리를 힘들게 하는 원인이 됐다. 가성비도 중요하지만 여행에 있어서 교통 수단과의 접근성은 최우선이라는 교훈을 얻게 되었다. 난징동루역에서 내린 우리는 숙소가 조금은 떨어져 있어 캐리어를 가지고 다닐 수밖에 없었다. 더운 날씨에 조금은 힘들었지만 파란하늘과 흰 구름, 난징동루의 많은 상가들, 애플스토어 앞쪽 삼성스토어 건물, 한국 화장품 브랜드 이니스프리 대형 매장, 끝이 없는 거리로 나온 많은 사람들 속에 섞이며 조금은 흥분이 되고 기분이 좋아졌다. 와이탄으로 가면서 쉴새 없이 길거리의 모습을 찍었다. 유럽풍의 건물들, 그 위에 꽂힌 오성홍기, 저 멀리 보이는 동방명주, 황푸강에 떠가는 페리... 내가 알고 있던 그 중국의 모습인가? 세계적인 도시 상하이의 모습에 감탄을 하게 된다.

중국 대부분의 관광지는 야경이 멋있다. 상하이 또한 야경이 멋있는데 대표적인 곳이 와이탄이다. 와이탄은 황푸강을 따라 서양식 근대 건축물들이 늘어선 거리로, 19세기 중반 이후 영국이 이 일대를 조계지로 삼으면서부터이다. 본래 이곳은 습지였으나 당시 영국이 자국의 식민지였던 인도의 용병인 세포이들을 동원해 제방을 쌓으면서 육지가 되었다. 근대식 건축물로 만들어진 와이탄의 스카이라인은 20세기 초에 완성되었으며, 높은 빌딩이 없던 당시에는 굉장한 규모였다. 그러나 그 화려함과 웅장함의 이면에는 제국주의 열강의 중국 침략이라는 중국 근대사의 아픔이 묻어나마냥 아름답게만 보이지는 않는다. 한국의 근대 건축물들 중 일제의 식민지배와 관련된 건축물들을 보면 느끼게 되는 감정과 비슷하다. 하지만 이국적인 건축물들이 늘어선 아름다운 풍경 자체는 상하이의 대표적인 이미지로 남아, 수많은 관광객들이 찾아오는 명소로 거듭났다. 와이탄에서는 황푸강 건너편 푸동지구의 화려한 마천루를 감상할 수 있는 위치이기도 해서, 사람들이 많이 몰린다. 난징동루 역에서 건물 사이로 보이는 파란 하늘과 동방명주를

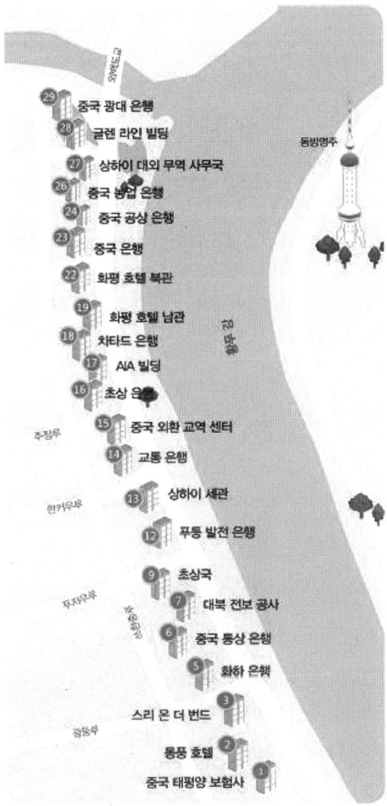

보며 10분 정도 걸으면 와이탄 및 동방명주 등을 볼 수 있다. 황푸강가에서 푸동 지구 방향이 아주 잘 보이는 위치에 조성된 천의광장은 와이탄 및 동방명주 등의 마천루를 보려는 관광객들로 사람들에 의해 떠밀려서 갈 정도로 북적인다. 상하이의 랜드마크인 동방명주를 비롯하여 크고 작은 빌딩들이 늘어서 있고 황푸강을 가로지르는 유람선도 있어 멋진 야경 분위기를 만들어낸다. 사람이 워낙 많아 높은 빌딩을 모두 담아 사진 찍기가 쉽지가 않다.

비슷하게 생긴 와이탄 건물들은 각각의 번지수를 따라 번호를 붙여 부르기도 하는데 와이탄 18호 건물은 과거 영국 식민 정부에서 직접 운영하던 은행이 있던 곳이다. 지금은 고급 레스토랑, 명품 숍이 입점해있다. 와이탄 16호는 제정 러시아가 건설한 러청은행 상하이 지점 건물로 사용되었으며 1901년에 세워진 건물로 와이탄 초기 건축물 중 하나이다. 와이탄 13호는 커다랗고 아름다운 시계탑으로 유명하다. 와이탄 12호는 고대 그리스, 로마의 풍을 살린 신고전주의 양식으로 지어졌으며 다른 건물들

보다도 크고 웅장하여 상하이 푸동개발은행으로 사용되고 있다. 와이탄 9호는 다른 건물들과 달리 가느다란 기둥이 지탱하고 있는 독특한 형태의 건물이다. 와이탄 6호도 다른 건물들과 비슷한 형태를 가지고 있다. 서양식의 비슷비슷한 형태를 가진 와이탄 건물들은 밤에는 조명과 함께 웅장한 상하이의 모습을 뽐내고 있다.

덩샤오핑(등소평)이 경제개발의 의지를 가지고 개혁, 개방을 내세우면서 황푸강 동쪽에 거대한 빌딩 숲을 지으며 세운 동방명주는 전 세계를 향해 개혁과 개방의 뜻을 알리고 거대한 건축물을 뽐내고 싶은 중국인의 의시를 고스란히 남고 있다. 1991년에 착공하여 3년 후에 완공된 상하이 동방명주는 아시아 최대 높이의 건축물 중 하나로 상하이뿐만 아니라 중국의 자랑이다. 468m의 높이를 자랑하는 건축물의 본래 용도는 라디오와 텔레비전 송수신 방송탑이다. 상하이 건축회사의 지안후안쳉에 의해 디자인된 이 타워는 특히 둥근 모양이 진주 같다고 하여 동양의 진주라 불린다. 직경이 약 9m인 3개의 기둥 태공창, 상구체, 하구체와 5개의 작은 구체, 그리고 탑 밑부분과 광장으로 구성되어 있는데, 크기와 높이가 다른 구체가 맨 위에서부터 아래까지 이어져 있고 중간에 커다랗고 탐스러운 5개의 구체가 타워 중간에 박혀 있는 모습이다. 옥으로 만든 쟁반(황푸강)에서 크고 작은 구슬(동방명주의 원형 구조물)이 떨어져 내리는 아름다움을 나타냈다. 야간 조명은 분홍색과 파랑색 등 찬란한 색을 선보이며 상하이 야경의 중심축을 이루는데 동방명주를 중심으로 빽빽하게 들어선 고층 건물이 유명한 상하이 야경을 대표하고 있다.

고층 건물들이 즐비한 푸둥의 금융 중심. 캐나다, 러시아, 중국 광저우에 이어 세계에서 네 번째로 높은 건물 상하이 동방명주는 상하이 지하철

2호선 루자주이역에서 내려, 1번 출구로 나와 3분만 걸어 올라가면 쉽게 동방명주를 찾을 수 있다. 동방명주 옆에는 디즈니스토어가 있다. 동방명주는 미디어 그룹인 동방명주의 방송 수신탑으로 1994년에 준공되었다. 동방명주는 주변의 초고층 건물들이 겹겹이 이루는 화려한 스카이라인과 황푸강을 바삐 오가는 선박 등 상하이 시내를 한눈에 조망할 수 있다.

예원상성과 예원

멋진 와이탄을 보고 왔지만 아침부터 서둘렀던 관계로 기내식 이후로는 식사를 해결하지 못하였다. 여행 중에는 그 나라의 문화를 접하는 것도 중요하지만 한국 음식에 대한 생각이 간절하다. 상하이뿐 아니라 중국에서는 한국음식이 인기가 많다. 가장 대표적인 음식이 떡볶이, 냉면, 라면이다. 폭풍검색으로 한식집을 찾았는데 우리가 내렸던 난징동루역에 장상한품이라는 한국식 분식집이 있다. 중국에 교환학생으로 왔다가 의기투합해서 분식집을 차렸는데 이후 대박이 났고 상하이뿐 아니라 다른 지역에 10개 넘게 분점을 차린 모양이다. 맛있게 한식으로 저녁을

먹은 후 숙소로 들어가 짐을 두고 예원으로 발걸음을 돌렸다. 숙소의 북쪽으로 난징동루가 자리 잡고 있고 숙소에서 남쪽으로 내려오면 예원

이 있다. 숙소를 예약할 때는 우리가 갈 곳과 각 지하철역의 중간에 위치하고 있어 적절한 장소라고 생각했는데 꾸준히 걸어야 했던 우리의 상하이 뚜벅이 여행에서는 아무래도 난징동루, 와이탄 인근에 숙소를 잡아야만 했다.

예원은 예원역 1번 출구를 이용해서 사람들이 많이 가는 왼쪽 골목을 따라 들어가면 나오는 예원상성 안에 위치해 있다. 예원은 생각보다 넓고 입구도 많기 때문에 표지판을 잘 봐야 한다. 휴대폰 지도 앱이 가리키는 방향으로는 입구가 나오지 않았다. 눈앞에 보이는 건물에는 입구가 많지만 워낙 많은 사람들로 인해 어디로 들어가야 할지... 공안이 있어 번역기와 짧은 중국어로 도움을 요청했지만 무슨 소리를 하는지 도통 모르겠다. 똑같은 단어로 말을 해도 성조가 틀리면 중국 사람들은 알아듣지 못한다. 대략 예원의 입장시간이 끝났다고 하는 것 같은데 일단은 찾아서 가봐야 할 것 같다. 상하이의 예원(豫园)은 명청 시대 강남 정원 양식을 가진 전통 중국 정원으로 중국 정원 중에서도 가장 섬세하고 아름답다는 평가를 받고 있는 곳이다. 예원 일대는 원나라 때부터 중화민국 시대 초까지 700년간 상하이의 정치와 경제, 문화의 중심지였다. 그중에서 예원상성(豫园商城)은 140년의 역사를 품은 상업 거리다. 지금도 청나라 저잣거리를 연상케 하는 골목을 따라 고풍스러운 상가가 이어진다. 강남풍의 기와지붕 아래 수백여 개의 상점이 성업 중인데 중국 전통 상점부터 현대적인 기념품 가게도 있다. 골목골목 층층이 높은 기와와 상가들이 예전 명, 청시대의 상가건물양식을 재현해 놓았다. 강남품의 기와지붕 아래에는 400여 개 정도가 되는 상점들이 영업을 한다. 붓과 골동품과 같은 전통적인 제품은 물론 토이스토리와 같은 현대적인 상품들도 함께 판매를 한다. 강정, 마라, 액세서리, 열쇠고리 등 여러 기념품을 판매하고 있으며 조금 더 들어가면 다양한 먹거리도 판매하는데 남상만두를 비롯, KFC, 스타벅스, 맥도날드, 하겐다즈 외에 전통찻집들도 있다. 과거 중국의 정취를 느낄 수 있으며 오늘날의 상점도 있어 관광객들이 이용하기에 좋다. 식당과 먹거리 장소들이 정말 많다.

예원(豫园)은 명대인 1559년 명나라 고위 관리 판윈단(潘允端)이라는 사람의 개인 정원으로 만들어져 원래 면적은 46000㎡이며 1577년에 18년 동안에 걸쳐 완공된 정원이다. 아버지를 기쁘게 하기 위해 만들기 시작했는데 완공이 되었을 때는 아버지가 이미 세상을 뜬 상태였으며 자신도 이 정원을 몇 년 누리지 못하고 죽었다. 1842년 아편전쟁 때 영국군 및 일본군에 의해

손상을 입기도 했으며 1956년부터 1961년까지 상하이 시 정부가 보수해 일반에 개방했다. 입장료가 시즌에 따라 성수기엔 40위안, 비성수기엔 30위안이며 관람시간은 08:30~17:30이다. 잠깐 먹거리를 먹고 들어가려 했는데 문이 닫혀버렸다. 내일 아침 일찍 올 생각을 하며 어둑해진 예원의 구곡교와 예원상성을 배경으로 사진을 찍었다. 아홉 번 꺾여 구곡교라고 불리는 이 다리는 원래 반윤단의 아버지의 침실로 향하는 다리이다. 9번 꺾인 이유는 귀신의 침입을 막기 위해서와 다양한 풍경을 감상하게 하려는 의도가 있다. 구곡교는 예원 외부에 있어서 입장료 없이 볼 수 있지만 인파가 너무 많아 사진을 찍기가 쉽지 않다. 구곡교와 예원상성 주변은 간단한 먹거리를 먹으며 야경과 상점을 구경하기에 적당하다.

예원은 정말 동양적인 옛 정취가 물씬 풍기는 중국 강남 전통 양식의 정원이다. 현재의 크기도 놀랄만한데 원래는 그 규모가 더 컸다고 하니 개인이 이런 대규모의 정원을 꾸밀 수 있었다는게 그저 놀랍기만 하다. 중국식 벽에 구멍을 낸 창과 출입구를 지나면 삼수당(三穗堂)을 볼 수 있다. 예원 내 가장 낡은 건물이고 못을 하나도 쓰지 않은 건물이다. 지붕이 하늘을 찌를듯한 독특한 모양의 양산당(仰山堂)건물도 있으며 뒤편에는 인공으로 쌓은 작은 산인 대기산이 있다. 절벽이나 돌산, 동굴 등을 인공적으로 만들었다. 예원에서 가장 널리 알려진 것이 용벽(龍壁)이다. 용은 고대 신화에 나오는 신이한 동물로 구름을 일으키고 비를 만들 수 있다. 용은 황제의 상징이기도 해서 용안이니 건룡포니 하는 말이 있게 된 것이다. 따라서 일반 백성들의 정원에 용의 모양을 조각하면 지존인 황제의 권좌에 대한 도전으로 인식되어 참형을 면치 못하였다. 부자였다지만 중국에서 황제만이 사용할 수 있는 용을 개인 정원에 저렇게 사용해도 화를 당하지 않고 당대에는 위기를 모면하였다. 하지만 이후 반씨 집안이 쇠락하게 되었는데 그 이유가 용을 조각했기 때문이라는 이야기가 있는 것을 보면 용은 보통 사람이 가까이할 동물은 아닌 것 같다.

대한민국 임시정부(大韓民國臨時政府)와 신천지

상하이 여행을 계획할 때부터 찾아보았던 사람들의 인터넷 여행기 대부분은 워낙 많이 걸어 다녀서 다리가 아프다는 이야기이다. 한 여름 상하이 여행을 다니는 우리 가족 역시 더운 날씨와 함께 너무 많은 발걸음에 지쳐 있다. 애매한 장소에 숙소를 잡은 이유로 더 힘들어 하는 상황이다. 어제 일정 후 숙소로 돌아와 에어컨을 계속 켜고 잤더니 아들의 비염이 더 심해졌다. 원래 오늘 일정은 기차를 타고 항저우로 이동해 서호와 송성가무쇼를 보고 항저우 대한민국임시정부를 끝으로 상하이 홍차오역으로 돌아오는 것이다. 너무 지쳐 있는 관계로 힘든 일정을 조정해야 했다. 항저우는 다음 기회에 쑤저우와 함께 올 생각을 하고 오늘은

상하이 대한민국 임시정부를 보러가기로 했다.

올해로 대한민국 임시정부가 탄생한 지 100년이 되었다. 대한민국 건국에 대한 것이 언제부터냐의 논쟁보다도 일본의 감시 속에서 조국의 독립을 위하여 목숨을 바친 그들의 모습이 헛되지 않도록 해야 한다. 어릴 적부터 들어왔던 그 감흥 이상으로 역사의 현장 곳곳에서 있었을 그들의 모습이 그려진다. 사실 임시정부는 그전에도 여러 개로 나뉘어져 활동하다가 상하이를 중심으로 하나로 통합해 출범하게 된다. 일본은 1919년 3.1운동 이후 우리민족에 대한 탄압을 거세게 진행하였다. 애국지사들은 독립운동을 위해 상하이로 거점을 옮겼으며 1919년 4월 11일 상하이에서 임시정부를 수립하고 본격적인 독립운동을 시작하였다. 윤봉길 의사의 의거 이후부터는 임시정부가 일본의 감시를 피해 상하이에서 항저우, 자싱, 난징, 창사, 광저우, 류저우, 충칭 등으로 이동할 수밖에 없었다. 일본군들은 김구 선생님을 잡기 위해 혈안이 되어 있었고 밀정을 활용해 임시정부의 많은 정보를 알아내기도 하였다. 임시정부는 국민당 장제스의 적극적인 도움을 받았다. 임시정부가 있던 곳은 중국에서 손꼽히는 중심도시이자 관광명소이기도 하며 이 도시들의 풍경 뒤에는 우리가 알지 못했던 독립운동의 역사가 숨겨져 있다.

상하이 임시정부는 지하철 신천지역에서 내리면 된다. 신천지역은 지하철 1호선과 10호선이 교차되는 곳이다. 신천지역 6번 출구로 나와 마당루 왼쪽 길로 걷다보면 오동나무 가로수와 1차선 도로 그리고 2층 정도의 건물이 가득한 길을 간다. 임시정부 청사는 마당루 302호이다. 상하이 임시정부 청사는 아침 9시~11시까지 그리고 점심 휴관 후 1시 30분부터 오후 4시 30분까지 입장을 할 수 있다. 더위와 피곤으로 늦게 일어나 임시정부에 왔더니 점심 휴관 시간에 걸려 있어 인근 신천지 커피숍을 찾다가 하겐다즈 아이스크림 전문점에 들어가서 시간을 보냈다.

신천지(新天地)는 임시정부에 서서 바라봤을 때 맞은편에 있는 신천지스타일(新天地時尙) 백화점으로 들어가 1층을 가로질러 가면 바로 나온다. 신천지는 본래 프랑스의 조계지였다. 임시정부가 이곳에 있는 이유는 조계지였기 때문에 일본의 감시와 탄압을 피할 수 없었기 때문이다. 1990년에 홍콩 루이안 그룹이 투자를 해서 석고문 주택들을 갤러리와 숍, 레스토랑, 카페 등으로 내부를 개조하였다. 겉으로 보이는 외관과 스타일은 그대로 살리되, 내부 시설만 현대적으로 꾸며 외국인 관광객들이

많이 오는 곳으로 재탄생하게 되었다. 커다란 오동나무 가로수와 멋있는 외관의 건물들로 사진을 찍고 산책을 하며 식사를 하기에도 좋

다. 다만 가격이 조금은 비싼 편이다.

점심시간 휴관 후 재오픈 시간이 되어 임시정부 앞으로 갔다. 건물 옆에 입장티켓을 파는 곳이 있고 대한민국임시정부라고 써있는 동판이 건물 옆에 부착되어 있다. 한국 사람들이 많이 오기 시작한다. 입장권 요금은 20위안이다. 티켓을 사서 골목 안으로 들어가니 텔레비전에서 나왔던 풍경들이 보인다. 중국의 흔한 골목처럼 빨래를 널어놓았고 입장하려는 한국 사람들로 북적이기 시작한다. 우리가 역사수업을 할 때 추체험활동을 하는 경우가 있다. 역사를 가장 생생하게 받아들이기 위해서는 체험학습이 필요하지만 역사적 사실은 그 특성상 직접적인 체험이 불가능하다. 따라서 직접 체험 대신 과거의 역사적 사실을 파악하고, 그 시대 사람들이 겪었던 것과 같은 조건, 상황을 설정한 다음, 그들의 생각을 미루어 짐작함으로써 활동을 추적해 보는 역사 이해와 관련된 수업활동이 추체험이다. 신천지 일대 곳곳... 그리고 임시정부가 있는 이 골목을 일본 경찰의 눈을 피해 조심스럽게 다녔을 그들의 모습이 눈에 그려진다. 한국에 있을 때 독립운동과 관련된 서대문 형무소, 독립기념관 등을 관람할 때의 느낌과는 또 다른 느낌들이다. 상해 임시정부 청사 건물은 총 7년 정도 사용이 되었다. 윤봉길 의사의 거사 후 일본이 더욱 심해진 감시를 했고, 그에 따라 체포 당하지 않기 위해서는 항저우로 떠날 수밖에 없었다. 일단 해당 시설의 전시 구성을 보면, 1층에는 대한민국 임시정부 주요 인사들 소개가 있으며 2층에는 주석을 지낸 김구 선생님의 집무실과 부엌, 3층에는 임시정부 요원들의 숙소를 복원하였다. 그리고 임시정부의 역사가 담긴 여러 안내 판넬들이 부착되어 있다. 우리나라의 대통령들이 왔던 모습과 사진, 방명록 그리고 후원에 대한 안내들이 있다. 계단이 몹시 협소하고 건물들 곳곳에 그들의 모습이 보이는 것만 같다. 단체 여행객에 한해 1층에 있는 영상실에서 임시정부 활약을 담은 영상을 감상할 수 있다. 대한민국 임시 정부는 규모가 그리 크지 않아 관람하는데 시간이 오래 걸리지 않는다. 임시정부를 돌아 나오면서 가슴 속 여러 감정들... 어떻게 표현해야 할까?

수향마을 주가각

항저우의 서호를 포기했으니 어떻게 해서라도 수향마을은 가고 싶었다. 그중에서도 상하이의 외각에 있는 수향마을 주가각. 여행 계획 때부터 이곳을 다녀오면 그날의 스케줄은 끝이라는 생각을 하였기 때문에 오늘의 마지막 코스로 잡았다. 인민광장 인근에서 운행하는 버스가 있다고 들었는데 잘 찾아보니 지하철을 통해서도 갈 수 있었다. 2호선 홍차우역에서 17호선으로 갈아 타면 주가각역으로 갈 수가 있다. 지하철의 한 정거장에 비해서는 한 역의 텀이 길다. 1시간 20분쯤 걸려... 점점 사람이 없어질쯤 주가각역에 도착했는데 휴가 기간 임에도 주가각역에서 내리는 사람들이 없다. 분명 여행객들이 많이 오는 장소 중에 하나인데, 이렇게 한산하지? 잘못 온건가? 주가각역 인근에서 택시를 타고 가려했지만 더운 날씨에 택시도 없고 그렇다고 걸어가기에도 쉽지가 않다. 바이두 지도로 버스 노선을 알아보고 와이프와 아들이 버스 기사님께 물어물어 주가각 근처에서 내릴 수가 있었다.

주가각은 상하이 근교에 위치하고 있는 물이 흐르고 있는 마을이다. 상하이의 베니스라고 불린다. 주가각은 예전 송나라 시대부터 형성이 되어 명나라 시대에 이르기까지 수상 교통의 요지였다. 중국의 전통적인 곳을 가면 과거와 현재가 공존한다. 전통적인 건물들이 보일 즈음 현대의 카페들이 또 많이 보인다. 수향마을 골목에는 취두부 등 먹거리를 팔아 특유의 향신료 냄새들이 난다. 입장료가 무료인 주가각은 전형적인 강남 수향 고진으로 인구는 약 66,000명이다. 주요거리는 북대가(北大街), 동정가(東井街), 서정가(西井街), 대신가(大新街), 동시가(東市街) 등이며 그중 북대가(北大街)는 2005년 11월에 상하이 10대 휴한가(休閑街) 중의 하나로 선정되었다. 주씨들이 모여 사는 수향마을인 주가각은 상하이 중심지와는 다소 떨어져 있지만 이곳만의 독특한 풍경은 사람들에게 많은 칭송을 듣는다. 물길을 중심으로 양 옆에 빼곡하게 가옥들과 상점들이 늘어서 있다. 주가각은 물길 위를 가로지르는 다리가 많은데 그 위에서 사진을 찍는 사람들이 많다. 9개의 물길을 따라 9개의 골목이 부채꼴 모양으로 이뤄져 있다. 〈카인과 아벨〉이라는 드라마와 〈미션 임파서블 3〉에서 나온 장소로도 유명하며 야경 역시도 아름답다. 상하이 중심가와는 다르게 조용하면서도 한적한 시골마을의 정취를 느낄 수 있다. 조금 더 들어가면 입장료를 주고 들어가는 청나라 시대 우체국이 있는데 우체국 내부는 다양한 전시를 통해 당시의 우편물이나 우편 업무 처리에 대해 대강의 정보를 준다. 방생교라는 다리가 있는데 물고기나 동물들을 놓아주는 곳이다. 방생교 돌계단을 걷다보면 한적하게 지나는 나룻배를 감상할 수 있으며 스타벅스와 우리나라 설빙 등의 카페들이 있다. 여유로운 카페에서 맛봤넌 시원한 과일주스들이 주가각을 더욱 생각나게 한다. 시간적 여유가 더 있었다면 야경을 보고 왔었을텐데 하는 아쉬움이 든다.

다시 난징동루로 가기 위하여 내렸던 버스정거장 반대쪽에서 버스를 기다렸다. 한참을 기다려도 오지 않아 뭔가 이상함을 느꼈는데 도로공사로 인해 일방통행인 상황이다. 중국어를 잘 못하기에 여행계획 단계에서 다양한 정보 검색을 통해 시행착오를 줄이려고 했지만 이렇게 갑자기 생기는 일들은 사람을 당황하게 만든다. 무엇보다 가족이 있어 든든하기도 하지만 어쩔 땐 고생시키는 것 같아 미안함이 든다. 버스 정거장 앞의 상점 주인과 지나가던 아주머니께서 버스가 여기로 지나지 않는다고 말씀해 주셨다. 반대쪽 길에서 조금더 가면 있는 터미널에 가서 버스를 타라고 하신다. 본인의 일과 상관도 없는데 이렇게 도와주는 사람들이 있다는 것을 보면 사람 사는 세상은 다 비슷한 것 같다. 근데 터미널이 어디인지 몰라서 다시 한번 여쭤보니 아주머니께서 같이 가자고 하신다. 작은 터미널 같은 곳으로 데려다 주시며 정차해 있는 버스 앞까지 가서 탑승까지 하셨다. 아주머니의 목적지까지는 조금 돌아가는 코스인데도 같이 타신 것이다. 의사소통이 원활하지 않아 약간의 어려움이 있었지만 해당버스를 아주머니와 같이 타고 주가각역으로 갈 수 있었다. 우리가

걱정되는지 다음 정거장에서 내리면 된다고 끊임없이 말씀해주신다. 너무나 고마워 연신 "谢谢! 谢谢!"라고 감사의 인사를 드렸다. 이곳에 오기 전 솔직히 중국에 대한 이미지가 좋지 않은 부분들이 많았다. 그런데 좋은 사람들을 계속해서 만나다 보니 새로운 인상을 갖게 된다.

주가각역에서 지하철을 타고 다시 난징동루역으로 간다. 항저우까지 가지는 않았지만 그래도 더운 날씨에 피곤함을 느낀다. 가족들과 한국식 당을 검색하여 알아보고 저녁을 먹으러 가는데 어느새 저녁이다. 타국에서 만나는 한국은 너무나 반갑고 자랑스럽다. 스마트폰 하나로 해외에서 이렇게 돌아다니고 무엇이든 찾을 수 있다는 것이 놀랍다. 앞으로의 세상은 어디까지 변할까 궁금하기만 하다. 먹는 양이 많지 않은 우리들은 평소보다 많은 양의 고기를 먹고 에너지를 재충전 해본다. 소화를 시키기 위해 난징동루를 돌아보면서 들어간 상해 레고 랜드는 실제 레고 랜드라기 보다는 커다란 레고숍이라고 볼 수 있다. 레고 랜드 안에는 레고 블록으로 만든 커다란 자동차와 동방명주가 있다. 어디서나 친숙한 레고, 아들과 어릴 때 같이 만들었던 레고를 여기서 보니 또 새롭다. 레고랜드에서 나와서 인근에 있는 m&m매장과 한국 사람들에게 핫 플레이스인 지오다노 매장 앞의 I♥SH 입간판 앞에서 사진을 찍었다. 여행에서 남는 것은 역시 사진이다. 조금은 지쳐 있었지만 한국 음식으로 허기짐을 달랠 수 있었고 소화를 시키러 돌아다닌 난징동루 보행가의 야경은 너무 아름답기만 하다.

중국 4대 박물관 상하이박물관

베이징의 고궁박물관, 난징박물관, 상하이박물관은 시안의 섬서 역사박물관과 함께 중국의 4대 박물관으로 손꼽히기도 한다. 난징동루 1층 상가들의 강한 에어컨들로 지나가기만 해도 시원함을 느낄 수 있다. 하루에 8000명만 입장을 한다는 상하이박물관에 입장하기 위하여 아침부터 서둘러 인민광장 공원에 위치한 박물관을 찾아 갔다. 상하이박물관은 1996년 현재의 박물관으로 다시 지어져 개관했다. 박물관의 외관은 최상부에 원반을 얹어 놓은 것처럼 생겼으며, 아래 부분은 솥을 받치고 있는 세발솥(중국 고대 청동기 그릇) 모양을 하고 있다. 이와 같은 외관은 고대로부터의 중국의 세계관, 우주관과 함께 삼발이에 대표된 청동기 유물을 가리키고 있는 것이다. 박물관은 상하이시에서 운영하며 입장료는 무료(운영시간 9시 ~ 17시)이다. 중국 4대 박물관으로 유명하기에 관광객들이 자녀와 함께 방문을 했다가 전시물들에 놀라는 경우가 많다. 아침 일찍 서둘렀음에도 불구하고 벌써 많은 사람들이 줄을 서 있다. 날씨가 무더워 기다리는 사람들을 위해 커다란 선풍기와 천막을 쳐 놓았고 지그재그식의 난간을 만들어 놓았다. 1시간쯤 기달려 엑스레이 투시기로 가방 검사를 하고 입장을 하는데 여자 공안이 내 가방에 있던 환타 음료수를 잡고 말을 한다. 뭐라고 말하는지 알아듣지 못하고 있는데 와이프가 이야기 해준다. 음료수를 먹어보라는 것이다. 음료수를 먹어보고 멀쩡한 나를 보더니 박물관 안으로 나를 보내준다. 혹시나 음료수에 이상한 약품을 섞지 않았나 확인하는 단계인 듯하다.

박물관은 11개의 전시장이 개설되어 120,000점이 상설 전시되고 있다. 고대 청동관, 고대 조소관, 고대 도자기관, 역대 새인관, 역대 서법관, 역대 회화관, 명청 가구관, 소수민족 공예관, 역대 전폐관, 고대 옥기관, 도자기관으로 구성되어 있다. 상하이의 유물은 물론이고 상하이 주변(중국 남부 지역)의 유물이 보관되어 있다. 지하 2층부터 지상 5층으로 되어 있고 특별전도 열리는 관계로 상하이 박물관을 꼼꼼히 보고자 한다면 시간이 꽤나 걸린다. 위층으로 올라가면서 가구, 공예, 화폐, 도장과 관련하여 주제 중심으로 전시되다 보니 시대별로 역사를 이해하고 문화재 등을 보는 부분에서는 조금은 어렵다. 소수 민족 전시관에 운난성 지역 여자의 옷과 대만의 고기잡이 배가 있는 것을 보면서 중국이 하나의 중국을 표방하고 있다는 것을 다시 한번 느낄 수 있었다. 중국 곳곳에 아직도

대만의 흔적들이 많이 보이는 것이 신기하기만 하다. 상하이박물관 주변으로 인민공원, 상하이 도시계획 전시관, 상하이미술관과 백화점 등이 모여 있어 여행하기에는 참 좋은 동선을 가지고 있다. 인민 공원 앞으로 보이는 신세계 백화점이 신기하다.

상하이 도시 계획관

상하이박물관이 있는 인민 공원은 상하이 도심 속에 위치하고 있어 상하이 시민들뿐 아니라 여행객들의 쉼터가 되는 곳이다. 미술관을 보기 위하여 공원 안으로 걸어 들어갔는데 예전 호주 여행 갔을 때 보았던 가든처럼 빼곡하게 나무가 우거져 있고 그 규모가 매우 크고 넓었다. 그 푸르름 속에서 담배 피우는 사람들이 내뿜는 담배 연기에 아쉽긴 했지만 도심 속 이런 큰 공간을 만들고 유지할 수 있는 중국이 부럽기도 했다.

상하이미술관을 잘못 찾아 간건지 해당건물에서는 유명 명품 브랜드의 행사가 있는 듯하다. 공원에서 더위를 약간 피한 뒤 바로 옆에 있는 상하이도시계획관을 찾아 갔다.

상하이도시계획관은 2000년에 세워진 지하 2층, 지상 5층 규모의 건물

이며 3층에는 상하이 도시 모형이 만들어져 있는데 세계최대의 도시계획 미니어처라 한다. 바로 앞 상점에서 버블티와 생수를 사고 입장을 하였는데 건물의 모

양이 정말 특이하다. 바로 앞 대로 변에는 차도를 줄이고 보도블럭을 설치하여 사람들이 다니는 인도로 조성하고 있었다. 상하이도시계획관은 건축물 관련 최고상인 '루반 상'을 수상한 건물이다. 특히 건물 윗부분의 모양은 상하이의 상징 꽃인 백옥란이 활짝 핀 모습이다. 입장티켓을 구입하고 짐을 엑스레이 투시기에 넣은 후 도시계획관 내부로 들어갔다. 로비 한쪽에 동방명주 타워를 포함한 상하이의 상징인 '푸동지구'의 고층빌딩 모형이 보이는데, 중국인들이 좋아하는 금색으로 되어 있다. 또 한쪽에는 황푸강을 따라 만들어진 옛 조계지역 '와이탄'의 모습도 모형으로 만들어 놓았다. 2층으로 올라오니 1층 로비가 한눈에 보이며 상하이의 옛모습을 사진, 자료, 영상물 등으로 볼 수 있었다. 에스컬레이터를 타고 3층에 도착하면 상하이 시의 미니어쳐가 나타나는데 그 규모가 엄청 크다. 인천 송도신도시에 있는 홍보관인 컴팩스마트 시티와도 비슷한 느낌을 받았는데 이 미니어처는 상하이 도시의 전체 모형이며 건물 하나하나가 정말 정교하게 만들어져 있다. 미니어저 옆쪽으로 관람로가 만들어져 있어 대륙의 커다란 스케일이 느껴진다. 미니어처 및 주변의 다양한 사진과 영상을 보며 우리가 갔던 여행지의 모습과 방문하게 될 다른 장소를 돌아보는 것도 재미있다. 미니어처 모형 옆쪽으로는 파노라마 화면이 있어 상하이의 여러 장소를 살펴볼 수 있다. 4층에는 쑤저우(소주)와 항저우(항주)에 대한 자료가 전시되어 있다. “하늘에는 천당이 있고, 땅에는 쑤저우와 항저우가 있다(上有天堂, 下有蘇杭)”는 말이 있을 정도로 아름다운 자연경관과 살기 좋은 도시로 쑤저우와 항저우를 뽑니다. 마음 같아서는 더 여유를 갖고 방문하고 싶었지만 다음을 기약하며 자료들만 살펴본다. 도시계획관 5층에는 카페가 있고, 전망대처럼 통유리로 연결되어 있어 주변의 도시풍경을 전망할 수 있다. 오늘 여행은 더위와 컨디션으로 다소 여유를 갖는다고 생각했지만 내일 돌아갈 생각을 하니 아쉽다. 도시 계획관에서 보았던 홍커우 공원 옆에는 축구 경기장이 있는 듯하다. 중국인들도 우리나라 못지 않게 축구를 꽤 좋아한다. 이곳은 상하이에 있는 프로축구 구단인 ‘상하이 선화’의 홈구장이다. 한국의 최강희 감독과 김신욱 선수가 활약하는 축구팀인데 요즘 김신욱 선수의 활약이 대단하다. 스마트폰으로 급하게 찾아봤더니 오늘 홈경기가 있는 날이다. 와이프와 이야기를 하며 축구 관람을 제안했지만 별로 표정이 좋지 않다. 가족과 함께 온 여행이기에 내 욕심은 조금은 버려야 할 것 같다. 국제도시 상하이를 내일이면 떠날 생각을 하니 조금은 아쉽다. 아들이 어제 먹었던 한국식 갈비집에 방문하기를 원해서 난징동루로 다시 이동을 하였다. 난징동루와 와이탄의 야경은 보고 또 보아도 웅장하고 멋지다.

루쉰공원

마지막 날 다롄으로 돌아가는 날이다. 늦게 일어나 아침을 먹고 조금은 여유를 부렸다. 한국에 있을 때 중국은 항상 황사로 뿌연 하늘일거라고 생각했는데 여행 온 첫날부터 상하이의 날씨는 맑고 하늘은 파랗기만 하다. 와이탄에서 찍었던 가족사진은 평생 기억에 남을 사진이다. 호텔 프런트에 짐을 맡기고 지하철을 환승해 홍커우 공원을 찾아간다. 과거에는 홍커우 공원(虹口公园)으로 불렸지만 지금은 루쉰공원(鲁迅公园)이다. 지하철에서 내리니 상하이의 중심부에 비해 화려함은 떨어진다. 어제 오고 싶었던 홍커우 축구 경기장이 눈앞에 보인다. 워낙 축구를 좋아하기에 가슴이 설레인다. 2002년 월드컵을 경험한 사람들은 이 설레임을 알 것이다. 뜨거운 햇살을 맞으며 공원 입구를 찾아갔다. 생각보다 한산하다. 우리에게는 역사적인 현장이지만, 이곳 현지인들에게는 동네사람들의 휴식 장소이다.

루쉰공원은 1896년 상하이 공동조계 관청이 있었던 장소이며 조계의

밖에 있던 농지를 취득하여 조성되었다. 처음에는 훙커우 오락장이라 불렸고, 영국 원예가에 의해 설계되었기 때문에 서양식 정원 양식을 가지고 있다. 1922년에 훙커우 공원으로 개칭되었으며, 1937년에는 중일전쟁으로 일본군에 의해 공원 내 건물들은 파괴되었으며, 1942년에는 일본군의 군사용지로 사용되었다. 일본이 패망하고 철수한 1945년에는 장제스에 의해 중정공원으로 개칭되었지만, 1950년 다시 옛 이름을 찾아 훙커우공원이라 불렸다. 이후 루쉰 선생의 75주년을 기념하면서 1956년 루쉰의 묘를 이곳으로 옮겨오면서 1988년에 루쉰공원으로 고쳐 부르게 되었다. 루쉰(1881~1936)은 중국 저장성 출신으로 소설가였으며 인민사상가로도 유명한데, 본명은 저우수런(周樹人)이다. 대표작으로는 아큐정전(阿Q正傳)과 광인일기(狂人日記) 등이 있다. 공원의 입구에 들어가면 바로 정면 쪽에 루쉰의 동상이 있고 루쉰기념관이 있다. 루쉰기념관은 무료이며 1층에는 행사장이 있어 문학행사를 주최하는 공간과 루쉰이 작업했던 방들을 재현해 놓았다. 2층에는 루쉰의 작품과 루쉰이 살던 시대의 모습들이 나타나 있다. 중국인들이 가장 존경하는 문학가와 관련된 자료들을 잘 보존하는 모습들이 보인다.

루쉰공원에 온 진짜 목적은 윤봉길 의사의 매원을 방문하기 위해서다. 의도적으로 계속해서 아들에게 윤봉길과 관련된 여러 이야기들을 해준다. 루쉰기념관에서 나오니 방향을 가리키는 팻말에 윤봉길 기념관이라는 한글이 보인다. 공원을 산책하듯 매원을 찾아 간다. 대한민국 임시정부의 국무령(國務領, 총리)인 김구선생님은 1932년 4월 29일 상하이의 훙커우 공원에서 열리는 일본 천황의 생일연(天長節)과 상하이 점령 전승 기념 행사를 폭탄으로 공격할 계획을 세웠다. 협의 끝에 윤봉길이 도시락과 물병으로 꾸며진 폭탄을 투척하기로 결정하고 이를 실행하였다. 당시 국민당 총통인 장제스는 "중국 백만 대군도 못한 일을 조선 청년이 해냈다."라고 격찬을 하면서 대한민국 임시정부 활동을 지원하였다. 조선인의 독립 의지를 세계만방에 알린 사건이 되었지만, 이로 인해 대한민국 임시정부는 일본의 탄압을 피해 피신을 하게 되었으며, 1945년 조선이 해방될 때까지 중국 남부지역을 떠도는 계기가 되었다. 한국 사람들로 보이는 사람들이 윤봉길 기념관 앞에서 사진을 찍고 있다. 루쉰공원은 입장료가 무료이지만 기념관은 티켓을 구입하고 들어가야 한다. 정면에 보이는 건물이 윤봉길의사의 기념관인 매정(梅亭). 윤봉길 의사의 호인 매헌(梅軒)과 정자의 정을 딴 이름으로 약 20여 평의 정자형태 2층 목조건축물이다. 1994년 루쉰공원 내에 정자 매정을 건립, 2003년 12월에 매헌기념관을 개관하였으나 루쉰공원 전체 개보수 공사에 따라 2013년 9월부터 휴관, 제83주년 윤봉길 의사 의거일에 맞춰 2015년 재개관을 하게 되었다.

기념관 외부에는 윤봉길 의사의 전언과 출생 및 국내활동, 그리

고 조국 광복 등의 내용이 입간판으로 되어 있다. 기념관 1층에 들어가면 정면에 흉상을 비롯해 의거의 성과 및 영향, 조국의 광복 등에 대한 내용들로 채워져 있다. 의거 당일 아침 한인애국단장 김구의 시계와 맞바꾼 윤의사의 시계... 윤봉길 의사가 거사를 위해 출발하기 전 김구 선생에게 "저는 앞으로 살 수 있는 시간이 많지 않습니다."라며 김구 선생의 시계와 맞바꾸었다고 하는 이야기. 임시정부에서도 느꼈지만 이들의 삶이 안타깝기만 하다. 의거로 인해 총사령관 사라카와와 상하이 일본 거주민 대표였던 가와바타 등이 죽었고 제3함대 사령관 노무라, 제9사단장 우에다, 중국 주재 일본 영사 시게미쓰 마모루 등이 중상을 입었다. 2층은 영상물 상영 및 교육장소로 활용되고 있다. 윤봉길 의사와 관련된 영상을 다시 보고 있는데 한국에서 학생들이 단체로 역사 체험을 온 듯하다. 우리의 임시정부와 독립운동의 현장을 직접 찾아온 학생들의 모습을 보면 윤봉길 의사의 노력이 결코 헛되지 않은 듯 싶어 다행이라는 생각이 든다. 윤봉길 의사, 25세 꽃다운 나이에 죽음을 맞이한 젊음이 자꾸 아쉽기만 하다. 윤봉길 기념관에서 나오는데 우리가 한국 사람인 것을 알고 한 할아버지가 바닥을 가리키신다. 오른쪽으로 300m 가면 지하철역이 나온다라고 커다란 붓을 이용해 한글로 써주시는 것이다. 인터넷에서 봤던 분인데 실제 보니 신기하기도 하고 반갑기도 하다. 최강희 감독과 김신욱 선수의 모습이 그려지는 홍커우 축구장 옆을 돌아서 지하철 역으로 향하였다.

상하이에 대한 아쉬움에

현재의 화려함과 과거의 전통미가 공존하는 국제도시 상하이를 보면 한국 여행객들에게는 쉽게 다가갈 수 있는 편안함이 있다. 여행 블로그들을 보면 몇 번을 가도 또 가고 싶은 매력적인 도시라고 이야기를 한다. 이것은 비단 한국사람뿐 아니라 세계의 여행객들 모두에게 해당하는 말일 것이다. 와이탄의 화려함도 있지만 열강의 침략 흔적이 고스란히 남아 있는 이 도시를 보면 우리 나라가 생각난다. 파란하늘과 함께 멀리 보이는 동방명주를 배경으로 찍은 가족사진, 태극기가 붙어 있는 모자를 쓰고 임시정부를 방문했던 일들, 주가각에서 본 전통 수향 마을, 여유가 느껴지는 고즈넉한 신천지, 밝은 조명으로 빛나는 난징동루와 와이탄... 무더위와 짧은 일정으로 상하이의 일부만 훑어보고 가는 거 같아 아쉬움에 자꾸 뒤를 돌아보게 된다. 가족들과 다시 올 것을 다짐하며 지하철

과 마그레브를 타고 푸동공항으로 갔다. 푸동공항의 국내선 출국장도 굉장히 크다. 기내에 가지고 타려던 캐리어 때문에 공항에 있는 공안이 브레이크를 건다. 안에 있던 로션 때문에 짐을 화물편으로 보내라고 하는 것이다. 중국 국내선 비행기를 타면서 이런 경우는 처음이었다. 이용률이 높은 공항이라 그런가? 중국에서는 그때 그때 다르다는 말이 이런 경우인 것 같다. 그러고 보니 점심을 먹지 못했다. 공항에 아들이 좋아하는 던킨도너츠 매장이 있다. 도너츠를 몇 개 사서 다롄으로 돌아 가는 비행기에 올라 탔다. 꼭 다시 올거야~ 안녕! 상하이!

08장

지붕 없는 박물관 시안(西安)

교과서로 보았던 곳

낙양이라고 불리는 뤄양과 함께 시안은 과거와 현재의 모습이 함께 어우러져 있는 역사 도시이다. 옛 이름이 장안이었던 시안은 여러 나라의 수도였으며 교류의 중심지이기도 했다. 특히 수나라와 당나라 때 수도로서 발전을 했으며 당나라 때는 동양과 서양의 이동 경로인 실크로드의 출발지로 중국 문명을 전 세계로 전하기도 하였다.

보통 중국의 역사를 생각하면 가장 먼저 만리장성, 자금성 그리고 진시황제의 병마용이 떠오른다. 최초의 통일국가를 세우고 스스로를 황제라고 지칭한 진시황제, 죽어서도 영원하고 싶은 마음에 커다랗게 무덤을 만들고 그를 지키기 위해 만들었다는 병마용. 생각할수록 신기하기만 하다.

중국에 있으면서 자녀에게 꼭 보여주고 싶은 마음도 있었지만 역사적인 현장을 내 눈으로 직접 보고 싶은 마음이 더 컸다. 지난 여름부터 시안을 가보고 싶은 생각이 간절했지만 여름 날씨 특성상 너무 힘들 것 같다는 생각이 들어 취소했던 기억이 있다. 중국에서 가장 긴 연휴인 국경절 전이라 충추절 연휴에는 중국 사람들의 인구이동이 별로 없다는 말에 위챗과 씨트립을 비교하면서 비행기표를 미리 끊었다. 다만 지난 여름에 세웠던 여행 계획에는 하루 정도 고속열차로 낙양(뤄양)에 가서 용문석굴과 관림 등을 보고 오려했으나 이번에는 일정이 짧아 시안에만 머물기로 하였다. 다롄 저우수이쯔 공항(大连周水子机场, 다롄 저우수이쯔지창)에서 시안 셴양 국제공항(西安咸阳国际机场, 시안 셴양 궈지 지창)까지는 약 2시간 30분이 걸린다. 신서유기라는 예능에서 나왔던 곳. 대한민국의 경주와 같이 도시 곳곳이 지붕 없는 박물관인 시안. 나도 여행을 한번 시작해볼까? 다른 도시에 비해선 생각할수록 가슴이 뛴다. 물론 여행은 늘상 가슴이 뛰는 설레임이 생기게 한다.

시안공항에서 시내로

삼국지 등 여러 책들을 보면 관중 땅이 자주 등장을 한다. 오늘날로 치면 대체로 산시성(섬서성) 일대에 해당한다. 시안은 큰 산들로 둘러싸여 있는 평야를 활용한 높은 농업 생산력 등 지리적 이점으로 인해 천하 재패의 시기가 오면 중요한 비중을 차지하곤 하는 곳이다. 진나라가 멸망한 후 항우와 유방이 먼저 차지하려고 했던 땅이기도 하다. 셴양공항은 시안으로부터 한 시간 정도 거리에 위치하고 있으며 이곳이 바로 관

중이며 과거에는 장안이라는 이름으로 불리기도 하였다.

중국에 와서 가족들과 여행을 하다보니 먼저 이곳을 여행한 블로거들의 소중한 자료들을 많이 보게 된다. 뒤이어 여행하는 사람들이 편하게 여행할 수 있도록 동선 하나하나 사진과 설명들이 담긴 소중한 자료들을 올려주시는 그분들의 정성에 감사의 마음을 갖고 있다. 중국의 공항이나 기차역, 관공서, 쇼핑몰 등을 보면 대륙의 기운답게 정말 크고 웅장하게 만들어 볼 때마다 감탄을 하게 된다. 시안 공항도 국제공항으로 무척이나 시실이 좋다. 중국에 와서 느끼는 것은 각종 시설들이 생각보다 최첨단식이며 깨끗하게 잘 되어 있다는 것이다. 15년 전에 멋모르게 와보고 꾸준히 안 좋게 생각했던 중국이 아니다. 그래서 다시 한번 놀라게 된다. 시내로 들어가는데 사람들이 가장 많이 이용하는 교통수단은 공항버스이다. 지하철도 곧 생긴다고 한다. 공항버스 티켓을 사기 위해 1층 매표소로 가서 종루(钟楼) 방향의 버스티켓을 샀다. 버스비는 인민폐로 25위안이다. 텔레비전이나 블로그에서 소개했던 것처럼 자신이 가고자 하는 지역이나 호텔을 이야기하면 해당 노선의 버스표를 끊어준다. 블로그에서 봤던 그 모습들이 맞다. 일반적인 중국과는 다르게 이곳은 영어로 소통도 근근히 되는 곳이다. 중국에 와서는 시내버스 이외의 버스를 처음으로 타본다. 신기하기도 하고 내릴 때를 놓치지 않기 위해 약간의 긴장도 된다. 버스표 판매처의 사람이 버스에 올라와 내릴 곳을 하나씩 체크하는 듯 하다. 아침부터 서둘렀던 탓에 졸음이

쏟아진다. 예전에 서로가 차지하기 위해 전투를 펼쳤을 관중 평원이 창밖으로 보인다. 깜빡 졸다보니 45분 정도가 지났고 내릴 때가 왔다. 시안 시내에 다다르니 전통적인 건물들이 보이기 시작한다. 시안은 우리나라의 경주 같은 느낌이 든다. 시안 시내도 생각보다 차가 많이 막힌다. 커다란 성곽문 안으로 버스가 통과하여 인터넷에서 봤던 종루를 돌아 종루 호텔 주차장과 같이 있는 버스 정거장에 우리를 내려준다. 바이두 맵을 켜보니 호텔이 바로 옆이다. 어느새 오후 5시! 시간 참 빠르다. 일단 호텔을 찾아 들어갔다.

종루와 고루

호텔에 짐을 내려놓은 후 시안 시내의 가까운 곳을 다녀보기로 했다. 시안 시내는 명 · 청 시대의 성벽으로 둘러 쌓여 있다. 당나라 말기 뤄양으로 수도를 옮기면서 장안의 모든 시설과 성벽이 파괴 되었다. 성곽은 명나라 시대에 다시 지었으며 근대에 이르러 보수를 통해 지금의 성벽이 이뤄졌다. 종루를 중심으로 교통시설 및 상점가가 형성되어 있어 관광객들이나 일반 시민들이 이용하기에 편하다. 아침에 종루에서 종을

치면서 성문을 열었고 밤에는 종루 근처의 고루에서 북을 두드려 성문을 닫았다.

종루는 성안의 중심부에 위치하고 있으며 종루를 들어가려면 지하도를 들어가 요금을 내고 올라갈 수 있다. 위치와 그 형태가 우리나라의 숭례문과 같은 느낌이 난다. 많은 관광객들이 종루를 배경으로 사진을 찍고 있다. 밤이 되면 조명과 함께 아름다운 야경이 펼쳐진다. 중국의 야경은 고층의 빌딩이나 전통적인 건물이나 중국 특유의 아름다움을 보여줘 감탄을 자아내게 한다. 종루 인근에는 많은 백화점과 상점가들이 형성되어 있다. 유명한 명품 브랜드들의 상점들이 심심치 않게 보인다. 미국과 무역 전쟁을 벌이면서도 중국인들이 선호하는 브랜드는 나이키, 맥도날드, KFC, 애플이다. 중국 어디를 가나 가장 많은 커피전문점 스타벅스를 보면 아이러니함을 느낀다. 시안의 중심가에는 관광도시답게 많은 사람들과 차들로 복잡하다. 종루를 배경으로 사진을 찍고 종루 광장 쪽으로 가니 시안의 특색이 담긴 스타벅스부터 덕발장이라는 교자 전문점까지 많은 상점들이 있다. 텔레비전 방송 신서유기에서 이곳을 배경으로 미션을 해서 유명해진 곳이다. 명품 상점들이 즐비하게 있어 사람들이 많이 걷는 쪽으로 따라 걷다보면 종루와 비슷하게 생긴 건물이 있는데 이 건물이 고루다. 고루 옆쪽을 걷다 보면 바로 회족거리가 나온다.

회족거리

중국의 시안은 당나라 시절 장안으로 불리었다. 실크로드 기점으로 인구 100만 명의 국제적인 도시였다. 신라 1000년의 수도였던 경주도 장안

과 함께 국제도시의 모습을 가지고 있었다. 높이 5m가 넘는 성벽으로 둘러싸인 장안은 지금의 신도시들처럼 바둑판 모양으로 계획되어 있었다. 실크로드의 영향으로 외국인들이 많이 장안으로 들어와 정착하였으며 이중 대표적인 민족이 아랍민족인 회족이다. 현재는 언어와 모습에서 한족과 별 차이는 없지만 이슬람교를 믿는다는 것에서 구별이 된다. 지금은 중국 55개 소수민족 중 장족, 만주족 다음으로 인구가 많으며 약 천만 명 정도로 추산이 된다.

고루의 뒤쪽에 형성된 회족거리에는 흰 모자를 쓴 회족들이 여러 상점에서 장사를 하고 있다. 이들은 돼지고기를 먹지 않는다. 즉석에서 양고기를 발골하고 나무 꼬치에 끼워 다양한 향신료를 뿌려 양꼬치를 굽는다. 그 밖에도 기름에 구은 만두, 서안 회민가라고 적힌 예쁜 병에 담긴 요거트 등 다양한 먹거리 등을 팔고 있다. 기다랗게 이어진 회민가를 걷다보면 한국의 인사동 또는 인천 차이나타운 거리를 걷는 느낌이 든다. 다양한 간식거리를 사먹으며 회족거리를 체험해보는 것도 좋다. 입이 짧은 나에게 한국에서 똑같이 파는 회오리감자, 튀김만두, 요거트 등은 맛이 있어 먹을만 하다.

크게는 여러 나라 사람들, 좁게는 국내 여러 지역의 사는 모습들을 보면 우리 삶과 비슷한 면도 다른 모습을 찾아보게 된다. 이러한 모습도 알아가는 것이 여행의 매력이 아닌가 싶다. 근래 한국학교에서는 다양한 문화 인식 및 이해를 통해 틀림이 아닌 다양성을 인정해 가는 세계시민 교육과 다문화교육을 실시하고 있다. 하나의 중국이라 하지만 56개의 민족들이 서로의 문화를 포용하는 것이 신기하기도 하고 거기서 벌어지는 충돌(?) 등을 보면 물리적인 통일은 처음부터 쉽지 않다는 생각이 든다. 회족거리를 돌아 나오며 다시 한번 고루와 종루를 배경으로 사진을 찍어본다. 상점간판에 장안이라는 글자를 보면 이곳이 옛 당나라 시절의 국제도시였음을 다시 한번 짐작해보게 한다.

화청지

시안에 처음 여행 계획을 세울 때에는 길게 일정을 잡았다. 하지만 이번 여행은 일정이 2박 3일로 짧아 꼭 가볼 곳만 가자는 생각을 하였다. 그러다 보니 오고 가는 날을 빼면 두 번째 날에 가장 우리 몸을 힘들게 하는 일정으로 정해야 했다. 시안에 가면 꼭 가봐야 할 장소들이 5악 중에

하나라는 화산, 그리고 비슷한 장소에 몰려 있는 화청지, 병마용, 진시황릉 등이다. 일단은 두 번째 날 일정으로 화청지, 병마용, 진시황릉을 정하고 화산을 마지막 날 무리해서 다녀오려고 했지만 가족들의 반대로 화산은 이번에 생략하는 것으로 하였다. 또 언제 올지 모를 곳이라 자꾸 여행 일정을 무리하게 세우는 습관이 생긴다. 그러다 못 가는 곳이 생기면 아쉬움이 든다.

한국에 있을 때도 고궁을 가거나 유적지에 가면 문화해설사를 꼭 신청하여 설명을 들었다. 시교육청 특별연구교사를 수행하면서 학급의 아이들과 송내관과 함께하는 경복궁 역사체험을 간 적이 있었다. 다양한 설명과 체험을 바탕으로 한 활동들을 하니 아이들이 무척이나 좋아하던 기억이 난다. 아이들의 체험 중에 관광객 중 외국인들을 대상으로 경복궁에 대한 문제를 내고 맞추게 하는 동영상 촬영 미션이 있었다. 지금은 고등학생인 그 친구들이 아직도 가장 기억에 남았던 역사체험이라고 말한다. 우리의 역사수업도 이렇다면 좋을텐데... 가족들과 중국 여행을 다니면서 나름 공부한 내용을 설명해 주는데 내용의 부실인지, 아니면 가족이라 너무 편해서 그런지 잘 안 듣는다. 그래서 시안의 핵심이라 할 수 있는 화청지, 병마용, 진시황릉에서는 여행지에 대한 자세한 정보를 얻고자 한국 가이드가 있는 1일 투어를 신청하였다. 양귀비와 당현종의 사랑이야기인 장한가 공연을 함께 보고 싶었지만 패키지로 엮는 상품은 다 팔렸다고 하여 1일 투어만 하기로 했다. 가는 교통편, 입장권 예매하는 문제 등 신경을 안 써도 되니 한결 편한 마음으로 잠을 청할 수 있었다.

이튿날 아침 9시에 종루벨 호텔 로비에서 가이드를 만나기로 하였다. 우리 호텔 바로 옆에 있는 호텔이다. 가이드 그리고 투어에 함께 할 다른 일행을 만나 인사를 하였다. 우리와 함께 투어를 하게 된 한국일행 가족은 아빠, 엄마, 중학생 딸이다. 잠깐 휴가를 내어 가족이 함께 온 모양이다. 12인승 버스에 올라서자마자 가이드의 설명이 시작되었다. 중국, 중국의 역사, 중국의 역사에서 시안이 갖는 의미, 시안의 유명한 문화재들, 화청지, 병마용, 지하궁전, 진시황릉에 대한 설명들을 1시간가량 듣다 졸다 하면서 첫 번째 방문지인 화청지 앞에 도착하였다.

화청지(华清池)는 중국 섬서성(陝西省) 서안시(西安市)에서 북동쪽으로 약 30km 떨어진 곳에 있는 유명한 온천지 중 하나이다. 아직도 인근에 온천이 꽤 많다. 진나라의 시황제나 한나라의 무제(武帝) 등 여러 황제들은 이곳에 별궁을 두어 온천을 이용했다고 한다. 화청지로 가는 버스에서 밖을 보니 온천이 있는 리조트와 대학이 많이 보인다. 화청지는 당나라 현종과 양귀비가 생활한 왕실 원림으로 이곳에 궁을 만들어 화청궁이라는 이름을 붙였다. 장한가(長恨歌)에도 화청지가 등장한다. 화청지 앞 동상에서 사진을 찍고나니 많은 관광객들 속에 설명을 잘 듣지 못할까봐 가이드가 이어폰을 주었다. 입장권을 끊고 들어가보니 중국 전통의 건물들과 앞에 어우러진 연못, 그리고 뒷부분의 여산과 케이블카 등이 보인다. 저녁 무렵에는 저 연못에 조명을 비추고 무대가 올라와 장한가 공연이 시작된다고 한다. 자유여행과 일일투어의 장단점이 있겠지만 내가 주도적으로 하는 여행이 아니다 보니 여행 장소에 대한 물리적 이해가 떨이지게 된다. 장소에 대한 구조를 파악한 후 동선을 생각하면서 장소에 대한 역사적 이해를 동시에 하게 된다. 그런데 수동적으로 따라다니다 보니 비슷한 건물을 연속적으로 보게 되니 기억에 남는 것이 많지 않다. 양귀비의 동상을 본 후 양귀비와 당현종이 목욕을 했던 온천탕 여러 개를 차례로 봤는데 방 이름이 기억이 나지 않았다. 두 사람이 사랑을 나눈 연화탕, 양귀비가 목욕을 하던 귀비지나 부용탕이라 불리기도 하는 해당탕이 있다. 연속으로 태자탕, 관리들이 목욕하던 상식탕도 있다. 양귀비가 온천을 한 후에 머리를 말리던 누각, 양귀비상, 두 사람의 침실이었던 비상전 등 화청지는 당현종과 양귀비의 러브스토리를 배경으로 하는 장소이다.

양귀비는 중국의 4대미녀(서시, 왕소군, 초선, 양귀비)로 아름답고 가무에 능해 음악을 사랑하는 당나라 현종 임금의 마음

을 한 눈에 빠지게 했다. 양귀비에게 한 눈에 반하여 상사병에 걸린 시아버지 당현종... 양귀비는 혼인했던 남편과 인연을 정리하고 양귀비가 되었고 현종은 양귀비를 일러 자신의 말을 이해하는 꽃이라 하여 해어화라 불렀다. 그만큼 양귀비를 많이 사랑했고, 양귀비에 빠져 국정운영에도 소홀하게 되었다. 양귀비와 당현종은 천생연분이라고 하는데, 양귀비는 아름답지만 암내가 심해서 항상 향수를 지니고 다녔으나 당현종은 비염으로 냄새를 잘 맡지 못했다고 한다. 양귀비는 지금의 미인상과는 다르게 165cm키에 70kg으로 통통하였다. 백옥같은 피부를 지니고 있으며, 희고 매끈한 피부를 유지하기 위해서 매일 온천물에 목욕하고, 매일 다른 화장을 했다. 안녹산의 난으로 인하여 양귀비가 죽으면서 두 사람의 사랑은 끝을 맺고 만다.

화청지는 1936년 시안사변이 일어났던 장소로도 유명하다. 중국의 역사와 시안에 대해 잘 알고 있는 나를 한국에서 여행 온 관광객 정도로만 알고 있는지 시안사변 관련 장소를 가보지 않고 슬쩍 넘어간다. 나중에 점심장소로 이동할 때 물어보니 별볼 것이 없다고 넘어간다. 이래서 개인 자유여행과는 많은 차이가 있다. 시안사변은 시안의 화청지에서 국민당의 장제스를 장쉐량이 감금한 일인데 이 사변으로 거의 소멸되어 가던 공산당이 기사회생하게 된 계기가 되었다. 장제스가 중국의 군벌 세력을 통일시킬 즈음 중국 본토로 일본이 침략하여 들어오고 있었고 내부에서는 공산당이 세력을 확장하고 있었다. 국민당 정부는 공산당 섬멸작전을 시작했고 공산당인 홍군은 서쪽의 산악지대를 도는 대상정을 통해 도망을 간다. 공산당이 거의 섬멸되기 직전 장쉐량은 장제스를 감금하고 국공합작을 통해 대륙을 침입한 일본을 먼저 몰아내자는 의견을 제시하

여 이를 받아들인 장제스를 감금에서 풀어줬다. 이 시안사건으로 장제스는 공산당을 합법화하고 정치범을 풀어주며 2차 국공합작을 맺게 된다. 장쉐량은 만주 군벌의 아들로 일본에 항거하기 위하여 장제스 휘하로 들어온 인물이다. 선양에서 가봤던 장씨수부가 바로 장쉐량 가족의 가옥이다. 공산당의 입장에서는 기사회생하게 한 장쉐량이 영웅일 수 있지만 국민당의 입장에서는 본토를 버리고 타이완 섬으로 쫓겨날 수밖에 없는 결정적 계기를 만든 장본인이기도 한 것이다. 시안사변이 일어나지 않았다면 중국의 역사가 또 어떻게 변했을지 모를 일이다. 국민당의 부패로 인해 대부분의 중국사람들이 국민당에 등을 돌린게 결정적인 원인이기도 하지만 국민당은 월등하게 유리한 상황에서 이 사건을 계기로 결국 나중에는 중국 본토를 공산당에게 내주고 타이완섬으로 쫓겨 가게 된 것이다. 장쉐량은 타이완에서 1990년대까지 연금 상태로 갇혀 지내게 되었으며 장제스가 죽은 후 하와이로 떠났다가 그 곳에서 사망하게 된다.

1949년 10월 1일 천안문에 마오쩌둥의 초상화가 걸리기 전까지 장제스의 초상화가 걸려 있었던 것을 모르는 사람들이 꽤 많다. 처음 타이완 섬으로 쫓겨간 장제스와 국민당 지도부들은 다시 대륙으로 금방 올 줄 알았다고 하던데 그러고 보면 역사는 참 아이러니 하다.

진시황릉과 병마용

점심식사를 하기 전 한군데를 더 방문한다고 한다. 진시황릉을 모형으로 나타낸 지하궁전이다. 추석임에도 우리가 갔던 때는 사람들이 많지 않아서 좋았다. 조선족인 가이드는 시안과 진시황에 대한 여러 이야기들을 쉴새 없이 전해준다. 인터넷을 통해 사전에 알았던 이야기도 있지만 우리가 잘 모르는 이야기들도 있어 좋다. 지하궁전에서 진시황릉과 병마용을 가기 전 대략의 이야기를 듣고 가는 것도 좋을 것 같다.

'진시황(秦始皇)'은 춘추전국시대의 중국을 통일한 왕으로 알려져 있다. 통일된 나라의 황제로서 150만 명이라는 많은 사람들을 동원하여 '만리장성'을 쌓았으며, 사후에 묻힐 무덤을 생각하고 39년간 340여 만 명

의 인부들이 동원된 무덤 조성공사를 통해 지상의 황궁을 그대로 재현하고자 하였다. 진시황릉은 50㎢에 달하는 엄청난 크기의 부지에 조성되었다. 무덤 속에는 수많은 보물들을 묻었으며 무덤공사에 동원된 모든 사람들도 무덤에 대한 보안을 이유로 그대로 생매장했다. 지하궁전이 어두워 사진을 찍어도 잘 나오지가 않는다. 진시황릉에 대한 이야기를 들으면서 강력한 왕권을 유지하기 위해 상상 이외의 방법들을 동원했던 것이 신기하다. 그리고 아직까지 훼손 등의 이유로 발굴을 하지 않고 있는 중국도 대단하다고 생각한다.

아침부터 비도 오고 서둘렀더니 배가 고프다. 착각을 했나? 일일 투어 요금에 점심식사비도 포함이 되어 있었다. 병마용 및 화청지 일대에도 한식당이 꽤 있는 듯하다. 버스를 타고 인근의 한식당에 들러 밥을 먹었다. 한국 전통의 된장찌개 맛이 난다. 중국에도 냉면, 김치찌개 등 한국 음식을 파는 음식점들이 많긴 하지만 한국 전통의 음식 맛이 나는 곳이 많지는 않다. 개인여행으로 이곳에 왔다면 식당을 또 찾느라 고생했을텐데 이런 점은 또 좋다. 한 그릇을 정신없이 비웠더니 식당의 점원이 금방 밥그릇에 밥을 채워준다. 정말 맛있게 먹었다. 나오다보니 카운터에 한국의 믹스커피가 있다. 종이컵과 함께 꺼내 마시려 했더니 10위안이라고 써 있다. 공짜가 없네. 밥도 맛있게 먹고 어릴 때부터 보고 싶었던 병마용을 볼 생각을 하니 기분이 좋아진다. 우리 가족들과 함께 이러한 경험을 할 수 있다는 자체가 너무 감사한 일이다. '진시황' 사후 약 2,100년이 지나서야 1974년 3월 우물을 파던 농부들이 지하에 묻힌 방을 발견하게 되었으며, 뒷날 고고학자들에 의해 6,000구가 넘는 실물크기의 병사와 말 인형들을 찾아내게 되었는데 이것을 '병마용갱'이라 한다. 붐비지 않는 날인데도 불구하고 사람들이 꽤 많다. 가이드가 사온 티켓을 가지고 약 5분정도 숲길을 걸어가니 병마용 1호갱 입구가 나온다. 표는 진

시황릉 표와 같이 붙어 있어 잘 보관해야 한다.

1974년 발굴된 14,260㎡ 면적의 '병마용갱' 1호갱에서는 6,000구의 병사와 전차 40대가 발굴되었다. 가장 먼저 발굴되기도 했고 규모도 가장 크다. 그 장관을 볼 수 있다니 입장부터 떨린다. 입구에서부터 많은 사람들로 인해 사진을 찍기가 힘들다. 병마용 병사들은 장인들에 의해 머리, 몸통, 팔, 다리가 각각 제작된 후 결합되었다고 하고, 그 많은 병사들의 얼굴 표정과 모양이 다른 것이 특징이기도 하다. 모든 병사들의 얼굴 및 몸에 색칠이 되어 있었지만 발굴되면서 햇빛을 비추니 색이 바래 지금은 색칠한 부분 일부만 보인다. 손에 들었던 무기들은 진나라가 멸망하고 유방과 항우 시절 후환을 없애기 위해 다 빼갔다고도 한다. 세계 8대 불가사의중 하나인 진시황제의 병마용은 키가 지금의 성인평균 키에 비해 180㎝ 중반을 넘는 등 큰 편이다. 그리고 장군이 병사들보다 크게 만들어져 있다. 우리 가족들은 눈 앞에 펼쳐져 있는 모습들을 사진을 보듯 신기하게 지켜보았다. 가이드의 설명을 들으며 빨리 자리를 떠나게 되는 것이 조금은 안타까웠다. 1호갱의 가장자리에서는 발굴된 병사들을 고증을 통해 재조립하고 있다.

진시황의 보병부대인 1호갱이 제일 크고, 장교 위주로 구성된 3호갱이

가장 작고, 말과 마차 등이 있는 2호갱이 중간크기이다. 지금까지 발굴된 4개의 갱도중 3곳에서 8천점의 병사와 130개의 전차, 520점의 말이 있을 것으로 예상되며 아직도 상당수가 흙벽 속에 묻혀 있어 중국정부에서는 추가로 발굴작업을 시작할 예정이다. 2호갱 관람을 마치고 들어간 1976년에 발굴된 3호갱은 발굴된 병마용갱중 가장 작은 500m² 규모로, 아직 발굴된 토우들이 조립되지 않은 채 땅에 쓰러져 섞여 있으며, 조립 전 각 부위별로 번호표를 붙여놓았다. 2호갱과 3호갱은 아직도 발굴을 안한 채로 남겨진 부분들이 꽤 많다. 1호갱에 비해 2, 3호갱은 많이 어둡다. 그 이유는 햇빛을 받아 채색이 변하지 않게 하기 위함이다. 3호갱 옆에는 발굴 당시 여러 형태의 토우들을 전시해 놓아 아직도 그 당시 채색이 그대로 남아있다. 이렇게 금방 자리를 뜨는게 아쉽다. 하지만 급하게 사진을 마저 찍고 마지막 장소인 진시황릉으로 이동을 했다.

진시황릉은 병마용에서 무료 셔틀버스를 타면 갈 수 있다. 입구에서 병마용갱 들어갈 때 샀던 나머지 티켓을 보여준 후 입장을 하였다. 근데 입구에 들어서면 진시황릉 표지석만 있고, 무덤은 저멀리 뒷편의 산만 보일 뿐이다. 좀 황당하기도 하지만 가이드의 간단한 설명을 듣고 멀리서 보는 것만으로 진시황릉 일정은 끝이 난다.

현재까지 남아있는 고분 가운데 가장 큰 규모인 진시황릉은 산처럼 보일정도로 엄청난 크기의 무덤인데 아직 발굴하지 않고 있고 피라미드형태의 산처럼 보이도록 조성되었다. 높이가 더 높았지만 지금은 오랜 시간이 흘러 많이 낮아졌다. 기록에 의하면 진시황릉 내부에는 도굴을 방지하기 위해서 바닥에 수은을 흐르게 하여 무덤을 파게 하는 사람은 수은중독으로 사망에 이를 수 있다.

13세의 어린나이에 진나라 31대왕에 오른 진시황은 39세에 중국대륙을 통일하고 스스로 황제(皇帝)라는 칭호를 사용하였으며, 만리장성, 아방궁 등 불로장생을 꿈꾸어 왔으나 통일을 시킨 지 불과 10여 년 만에 통일국가 진나라는 멸망하고 말았다.

대안탑

마지막 장소 진시황릉을 그렇게 쉽게 마무리하고 나니 오후 4시쯤 시안 시내로 돌아왔다. 피곤한 마음에 숙소로 들어가 좀 쉬고 싶은 생각도 들었지만 이번에는 짧은 일정이었기에 좀 더 부지런히 서둘러서 다음 장소로 갔다. 역시 시간 일정을 쉽게 조절하고 조율할 수 있는 자유여행이 좋은 점도 많다. 시안 시내를 둘러싸고 있는 성곽에서 남쪽으로 쭉 내려왔더니 성곽으로 올라가는 곳들이 나온다. 내일 마지막 날 오전에 잠깐 섬서역사박물관과 함께 들를 생각이었기에 일단 오늘은 '대안

탑(大雁塔)'이 있는 대안탑역으로 가기로 하고 지하철을 탔다. 9월 중순의 시안은 비도 제법 많이 오고 추워지기 시작한다. 지하철역에서 나오니 대안탑 남광장이다. 중국에서 가장 많이 가본 패스트푸드점인 KFC가 있다. 중국음식이 조금은 어려운 우리들에게 쉽게 먹을 수 있는 음식 중 하나이다. 우리가 가본 관광지의 모든 KFC는 들어갈 때마다 많은 사람들로 자리 잡기가 쉽지 않다. 아들이 좋아하는 조각 케이크과 치킨버거 세트로 가볍게 이른 저녁을 먹었다. 어둑어둑해지고 조금은 쌀쌀한 날씨에 바이두 지도를 켜고 대안탑을 찾아보았다. 대안탑 북광장에서는 교향악단이 함께 하는 음악회를 준비하고 있는 듯하다. 많은 사람들로 북적인다. 그러고 보니 저 위쪽으로 탑이 보인다.

서유기에 의하면 수양 기간에는 '현장법사'였는데, 여행을 떠나게 되면서부터 '삼장'이란 법명을 받았다고 한다. 한 가지에 정통하기도 어려운 일이었으므로 삼장에 모두 정통한 법사란 극진한 존경의 뜻이 포함된 호칭이다. 중국에서는 인도와 서역에서 불경을 들여와 한자로 번역하는 일에 종사하던 사람들을 역경삼장이나 삼장법사라고 불렀다. 가장 알려진 사람이 중국 최대의 번역승려인 현장이다. 특히 현장이 인도-천축(天竺)

에서 불경을 들여온 일을 소설화한 《대당삼장취경시화(大唐三藏取經詩話)》와 명나라 때의 장편백화소설인 《서유기(西遊記)》가 세상에 소개된 뒤부터는 손오공, 저팔계, 사오정 등을 제자로 삼아 천축으로 모험과 고난의 여행을 하는 구법승려인 현장을 일컫는 경우가 많다.

대안탑이 정면에서 봤을 때는 약간 왼쪽으로 기울어져 있는 듯한 느낌이 들었었는데, 실제로 지하수를 뽑아 쓰다보니 지반이 주저 앉아서 기울어졌다고 한다. 지금은 지하수를 다시 채우고 바로 잡는 노력을 하고 있다. 가까이 가서 본 대안탑은 생각보다 높다. 대안탑(大雁塔)의 원래 명칭은 자은사탑(慈恩寺塔)이다. 652년 당(唐)나라 고종(高宗) 때 건립된 4각형의 누각식 탑이며, 명(明)나라 때 외벽에 한 겹의 벽돌을 더 둘러쌓았다. 모두 7층이며, 전체 높이는 64m이다. 천축(天竺)을 다녀온 현장(玄奘)이 인도에서 가져온 불경을 보관하기 위하여 석탑을 세우려고 하였으나 자재와 비용을 구하기 어려워 표면만 벽돌로 쌓고 내부는 흙으로 세웠다. 이 탑은 견고하지 못하여 얼마 지나지 않아 무너졌고, 701년에서 704년 사이에 측천무후의 명으로 허물고 다시 건립되었다. 자은사(대안탑)를 중심으로 북쪽광장과 남쪽광장으로 나뉜다.

대안탑 남쪽광장으로 오면 자은사의 입구와 함께 현장법사의 동상이 세워져 있다. 대자은사(慈恩寺)는 648년 당나라 고종이 죽은 자신의 어머니(문덕황후)를 위하여 세운 절이다. 건립 당시에는 23만㎡의 부지에 1,897칸으로 지어진 큰 규모의 사찰이었으나, 당나라 말기 소실되고 지금의 건물은 청대에 지어졌다. 대자은사 경내 대웅보전 뒤에 대안탑(大雁塔)이 있다. 대안탑을 오르기 위해서는 입장권을 끊고 들어가야 하나 어둑해지고 쌀쌀한 날씨에 먼 곳에서 바라보는 것만으로 만족하기로 하였다. 대안탑 인근에는 정말로 많은 상점과 백화점 등이 있었다. 오래된 문화재와 현대의 백화점 등이 함께 공존하고 있다는 것이 신기하기만 하다.

대당불야성

대안탑 남광장에서 쭉 남쪽으로 따라가면 대당불야성 보행가가 이어진다. '서방은 로마, 동방은 장안으로 통한다.'라는 옛말에서 확인할 수 있는 시안의 대당불야성 거리에 서면 이름만큼이나 멋진 옛도시의 과거를 만날 수 있다. 실크로드 시발점인 시안은 당나라에 이르러 국제도시로 거듭나게 된다. 한자문화권이라는 거대한 문화가 지금까지 여러 나라에 남게 된 것도 당나라 때이며, 시안은 대당이라는 타이틀처럼 그야말로 불이 꺼지지 않는 도시로 발전한다. 대당불야성의 당인거리는 그 시절, 이 시대를 풍류했던 문인에서 장군, 황제까지 당인(唐人)들을 추억하며, 실크로드를 거쳐 세계로 향하는 그들의 기상을 엿볼 수 있는 곳이

다. 대당불야성은 당나라 풍경을 그대로 재현하여 그 시절의 건축양식과 예술의 화려함을 몸소 느낄 수 있다. 어둠이 밀려오면 중국 특유의 멋있는 야경이 보인다. 2km 남짓한 이 거리에서는 붉은 담벽과 황금색 레이저 조명이 멋있게 조화를 이룬다. 마치 그 시절을 그대로 옮겨 놓은 듯한 대당불야성 거리는 현장법사가 서 있는 대안탑 광장으로부터 시작하여 이어진다. 대당불야성 보행가는 차량이 통제되어 관광객이 자유롭게 걸어다니며 당나라 건물, 문화, 역사를 체험할 수 있다. 특히 야경이 화려하며, 민간 악단이나 개인들의 거리 버스킹과 행위예술 등의 아트공연들이 다양해 실크로드의 중요도시 위에 있음을 체감할 수 있다. 험난한 실크로드의 여정을 시작하기 전, 그 시절 동서양 교류의 현장을 체험할 수 있는 도시. 시안! 지금 봐도 정말 매력적인 곳인데 그 시대 때에는 어땠을까 상상만 해도 신기하다. 대당불야성 보행가 안에서도 여러 개 보이는 스타벅스의 모습이 이채롭기만 하다.

시안박물관과 소안탑

새벽부터 비가 엄청나게 내린다. 와이프가 그래도 우산을 챙겨와서 다행이지만 호텔에서 나오고 10분도 안돼서 운동화는 벌써 다 젖었다. 띠디출행을 타고 중국의 3대 박물관 중에 하나인 섬서역사박물관으로 향하였다. 하루 4000명 무료 입장이라 일찍 서둘렀는데도 불구하고 우산을 쓰고 줄 서 있는 사람들로 박물관 앞이 복잡하다. 외국인들은 오른쪽에 있는 8번 창구로 가면 무료 티켓을 받을 수 있다고 하였는데 뭔가 이상하다. 무료로 들어가는 창구라고 들은 곳은 사람들이 생각보다 없고 한산하다고 들은 특별 전시회 전용 오른쪽 창구는 왠지 복잡하다. 번역기와 함께 8번 창구에 가서 물어보니 무료표는 벌써 매진이 된 상황이고 오늘은 30원 정도 되는 유료표는 없고 300원 유료표밖에 없었다. 오기 전 인터넷으로 검색하던 것과 다른 상황이 생기다 보니 황당했다. 운동화는 말할 것도 없고 옷, 가방도 함께 젖어 든다. 창구에서 일하는 직원에게 다시 한번 물어보았다. 한국 사람이라고 하니 서로 나의 민원을 해결해주려고 한다. 내일은 무료표가 있지만 오늘은 300원 유료표밖에

없다는 것을 다시 한번 확인하고서야 택시를 잡아타고 가까운 시안박물관을 가기로 하였다. 병마용 1일 투어에서 만난 한국인 가족들이 어제는 여유롭게 섬서역사 박물관을 다녔다고 하던데 오늘은 비까지 맞으며서 들어가지 못한 점이 조금은 아쉽다. 이번 섬서역사박물관만 보면 중국의 4대 박물관을 모두 다 섭렵할 수 있는 건데 또 언제올지 모른다는 생각이 드니 아쉽기만 하다. 섬서역사박물관은 산시성 일대에서 출토된 신석기 시대부터 청나라에 이르기까지의 38만 점의 유물을 소장하고 있다. 진나라와 한나라, 위진남북조, 수나라, 당나라의 수도였던 시안이기에 국보급 문화재가 많기로 유명하다. 1, 2, 3전시실과 유료인 특별전시실로 구성이 되어 있다.

아쉬운 마음을 뒤로 하고 가까운 곳의 시안박물관을 행선지로 잡아 택시를 잡아 탔다. 택시기사님은 머리를 길게 길러 뒤쪽으로 묶었는데 한족이 아닌 이민족인 듯하다. 친절하게 우리를 시안박물관 앞으로 데려다 주셨다.

여행 책자에서 본 바로는 시안박물관은 섬서역사박물관에 가려져 있지만 생각보다 잘 구성되어 있고 볼 것들이 꽤 많다고 하였다. 박물관에서 관람할때는 내가 알고 있는 여러 역사적 사실들과 비교하며 사고 할 수 있는 시간과 여유가 충분히 주어져야 한다. 섬서역사박물관을 가느라 지친 몸과 마음이 시안박물관의 넓고 훌륭한 시설들로 치유가 되는 느낌이다. 중앙홀에 들어서 지하로 내려가면 예전 시안의 또 다른 이름이었던 장안시내 모형도가 있다. 국제도시이며 계획 도시답게 사각형 모양의 성곽으로 둘러 싸여 있고 성곽 안에는 네모구조의 반듯반듯 한 길과 건물들이 있다. 우리 나라의 경주(금성)도 당나라를 통해 온 많은 사람들로 인해 국제도시가 형성되어 있었다고 들었다. 전시품이 생각보다 많지는 않았지만 실크로드의 관문이었던 시안의 옛 모습과 오늘날, 천여 년 전 제작한 당삼채 도자기, 당나라 시대의 미인상이라고 하는 후덕한 양귀비 스타일의 여성들을 표현한 토기들, 실크로드를 통해 들어온 아랍인들의 특징이 살아있는 얼굴과 표정, 수염과 낙타 등이 인상적이었다. 서역인들, 낙타마다 다 특색이 있고 그 위에 올려진 물건들이 생생하여 그 당시 교역의 모습들을 알 수 있었다.

박물관을 다 관람한 뒤에도 비는 계속해서 온다. 날씨가 맑았다면 시안 성벽을 올라가 자전거를 탈 생각도 했었는데 깨끗이 접어야 했다. 중

국에 와서 여행을 하면서 이럴 때가 많다. 워낙 넓은 땅에 볼 것들이 많으니 볼 상황을 놓치면 또 언제 와서 다시 볼지 모르니 말이다. 오늘 다롄으로 돌아가는데 공항까지 가는 길이 걱정이 된다. 점심시간이 다 되었으니 호텔로 돌아가 짐을 찾고 여유 있게 점심식사를 하고 공항으로 미리 출발을 하려고 했다. 박물관을 나서는데 박물관 앞 조경들이 너무 예뻐 잠깐 비를 맞으면서 마지막 산책을 해본다. 그러고 보니 연못 건너로 대안탑과 비슷한 탑이 보인다. 소안탑이 시안박물관 옆에 있다는 기억이 나 여행 책자를 다시 꺼내보았다. 소안탑이 맞다. 이렇게 가까이 있을줄 몰랐는데...

소안탑은 707년 승려 의정이 해상 실크로드를 통해 불경을 가져온 것을 보관하기 위해 세워진 탑이다. 지금까지도 초기의 외양과 내부가 잘 보존된 벽돌을 하나씩 쌓아 올린 밀첨식 탑이다. 지진에 의해 세 번이나 갈라질 정도로 손상을 입었으나 다음날 저절로 복구되었다는 기적같은 이야기가 전해지는데 기적이 아니라 건축술 자체로 조금은 가능했던 일이다. 현대에 복구해서 지금 균열의 모습은 찾아 보기 어렵다. 대안탑, 소안탑의 유래는 기도에 정진하여 굶어 가던 승려의 호소에 하늘의 기러기가 떨어져 그 끼니가 되어준 설화를 들은 현장이 장안에 돌아와 기러기의 은덕을 기려 안탑이라 하였다고 한다. 대안탑 하나만 있을 때에는 안탑이었다가 나중에 소안탑이 지어지면서 대안탑과 소안탑으로 구분되게 되었다. 대안탑에 비해 작은 소안탑이지만 비와 함께 나름의 운치가 있고 주위의 작은 공원과 함께 아늑한 느낌이 들었다.

역사 도시 시안을 떠나며...

어릴 때부터 보고 들어왔던 중국의 고대 도시, 시안. 중국에 오면서 시안의 존재를 잠시 잊고 있었다. 가족들과 중국 여행을 하면서 꼭 가보고 싶은 도시로 손꼽아 왔던 곳이다. 첫 번째 여행 계획을 세우고 취소를 하고 2박 3일 짧은 일정으로 다시 계획을 세우면서도 장소 하나하나 욕심이 많이 났던 곳이 많다. 인근의 낙양(뤄양), 오악으로 알려진 화산, 그리고 중국의 3, 4대 박물관 중 하나로 알려진 섬서역사박물관을 가보지 못한 아쉬움이 무엇보다 크다.

우리나라의 삼국통일과 관련이 있는 당나라 수도 장안, 서역에 있는 여러 나라들과 교역을 했던 길, 실크로드. 지금처럼 교통이 좋은 것도 아니고 오랜 시간과 노력을 들여야만 갈 수 있었던 것을 생각해보면 대단하다는 생각이 든다. 분명 삼국 시대 우리나라의 여러 사람들도 그곳을 오갔을텐데......

에드워드 카의 역사란 무엇인가에서는 '역사는 과거와 현재의 끊임없는 상호작용이다.'라고 이야기 하였다. 근래 신실크로드를 앞세워 중국몽을 실현하려는 중국의 모습에서 실크로드의 흔적이 머리속에 그려진다.

09장

안개의 내륙 도시 충칭(重庆)

중국의 국경절

중국의 국경절은 건국기념일로, 매년 10월 1일이다. 1949년 10월 1일 중국 공산당이 국공 내전에서 승리하여 국민당을 중국 본토에서 몰아낸 날이다. 마오쩌둥이 천안문 광장에서 중화인민공화국 수립을 선포하면서 매년 10월 1일을 국경절로 지내게 되었다. 중국 최대의 기념일로 중국 사람들에게는 연휴 중 가장 긴 1주일 간의 휴일이므로 곳곳으로 여행하기에 좋은 시간이다. 국경절은 5월의 노동절과 마찬가지로 중국 어느 곳이든지 사람들로 붐비는 기간이다.

얼마 전 중추절에 시안을 다녀와서 몸이 많이 피곤하기도 했고 국경절 연휴가 사람들로 붐비기에 여행 계획을 세우지 않고 있었다. 그런데 중국 사람들은 주말과 연결된 기간은 휴일로 지내지 않고 10월 1일부터 휴일로 지낸다고 한다. 따라서 주말 기간부터 한국국제학교의 연휴가 시작되므로 그 기간을 활용하면 중국 사람들의 일정과 겹치지 않을 것 같다. 어쩌면 올해의 마지막 연휴로 움직일 수 있는 마지막 기간이기도 해서 어디로 갈지 그동안 머릿속으로 그렸던 여러 장소를 생각해 보았다. 그리고 가족들과 이야기를 하였는데 그동안 바빴던 관계로 이번 연휴 기간에는 휴식을 원했다. 다소 아쉬운 생각이 들어 일정을 조절하는 등의 조율을 통해 장소를 정하고 비행기 티켓과 숙소를 예매하였다. 이번에 우리가 가기로 한 장소는 중국의 샌프란시스코라 불리며 4대 직할시 중 하나인 충칭(重庆)! 인근의 쓰촨성의 성도인 청두와 연계하여 가려고 하였지만 과감히 생략하기로 하였다.

충칭 장베이 국제공항(重庆江北国际机场)

금요일 퇴근과 함께 저녁비행기를 타고 가는 관계로 공항까지 띠디추싱을 타고 가기로 하였다. 급하게 결정하고 계획하다 보니 다른 때에 비해 준비가 미흡하다. 중국도 출퇴근 시간에는 차가 많이 막힌다. 비행기 출발 2시간 전에는 공항에 도착해야 한다는 생각을 가지고 있는데 차가 막히는 관계로 기사님이 골목골목을 통해서 이동을 하신다. 때로는 역주행을 하기도 하고 신호가 끊겼는데도 정주행을 하기도 한다. 나도 모르게 조수석 위의 손잡이를 잡는다. 기사님의 노력으로 정확히 출발 2시간 전 공항에 도착했다. 이번 여행은 중국에 와서 가장 먼 곳으로 가기에 비행 시간도 길어 조금은 걱정이 된다. 하지만 여행 특유의 설레임은 좋다.

충칭은 기원전 316년 진나라 장의가 파나라를 정복

한 후 파군(巴郡)이 설치되었던 곳으로 이후 삼국지 유비의 촉나라에 속한 지역이기도 하다.

송, 명, 청대의, 중요한 군사적 요충지이자 무역 항구였던 충칭(重庆)은 중국 내륙 남서부의 도시로 양쯔강[揚子江]과 자링강[嘉陵江]의 합류 지점에 위치해 있다. 우리에게 양쯔강으로 알려진 장강(长江)은 중국 대륙 중앙부로 흐르는 세계에서 3번째 긴 강으로, 중국 동부 해안 지역까지 흘러 바다로 합쳐진다. 송나라 때 와서 지금과 같은 충칭이란 이름으로 불렸다. 중일 전쟁 중에는 국민당 정부의 임시 수도가 되기도 했으며, 장제스의 지원 하에 대한민국 임시정부가 옮겨진 마지막 장소이기도 하다. 충칭은 주위의 높은 산들이 차가운 바람을 막아주고 온난한 기후가 유지되며 여름에는 중국의 3대 화로로 불릴 정도로 덥다. 그래서인지 매운 훠궈(火锅)가 유명하다. 충칭의 높은 산과 강에 둘러싸여 생기는 안개는 중일전쟁에서 굉장히 유리한 조건이었다. 1년 중 안개가 끼는 기간이 100일 정도에 가깝고 대기오염이 심각해 맑은 날을 보기가 쉽지가 않다.

저녁 비행기를 타는 관계로 장베이 국제공항(重庆江北国际机场)에 밤 11시에 도착해서 공항 근처 호텔에서 하루를 묵게 된다. 바이두 지도를 찾아보니 호텔이 공항 앞이라 걸어갈 정도의 거리로 가깝다. 하지만 밤 늦게 도착해 어두운 밤거리를 걷는다는게 위험하다는 생각에 호텔에 픽업을 요청하였다. 공항 출국장에서 피켓에 내 이름을 들고 서 있는 픽업맨을 만나 5분 거리의 호텔에 편하게 갈 수 있었다. 내일 일정을 머릿속에 그려보면서 생각보다 좋은 호텔 시설과 서비스에 심취하며 하루를 마무리하였다.

장강 케이블카와 해방비

공항인근에서 머문 호텔의 미니바가 모두 무료이다. 이런 경우는 처음 봤다. 이 호텔의 경쟁력 있는 서비스 중에 하나인 듯하다. 5성급 호텔 이상으로 시설도, 조식도 좋다. 이 좋은 호텔을 뒤로 하고 오늘은 충칭 시내로 들어가야 한다. 충칭도 대도시답게 지하철이 잘 연결되어 있다. 중국에 들어올 때 사가지고 들어온 중국 여행 가이드 책의 지하철 노선도가 맞지 않은 걸 보면 그동안 지하철 노선이 변한 듯하다. 오늘 우리가 가는 곳은 국내선 비행기가 주로 출발하는 2터미널 역에서 출발하여 10여 정거장을 가 2호선으로 환승을 해야 한다. 환승을 하고 샤오차이(小什字)역에서 내리면 충칭을 가로지르는 장강이 보이고 그 위로 케이블카가 운행을 한다. 오기 전에 인터넷 블로그를 통해서 얻은 대부분의 정보에는 케이블카 타는 사람들이 많아 표 발권하는 데 2시간, 줄 서서 기다리는 시간이 2시간이 걸린다는 이야기를 들었다. 그래도 오늘은 다른 날에 비해 한가할 것 같은 기대를 가지고 케이블카 타는 곳으로 향하였다. 행운이었나? 예측이 맞은건가? 여유로워 보이는 케이블카 매표소에서 여권을 제시하고 왕복 30위안짜리 티켓을 샀다. 장강 케이블카는 충칭 장강대교가 건설되어 있지 않았을 때 충칭 시민들이 강을 건널 수 있는 교통

수단이었다고 한다. 이제는 관광객들이 충칭의 경치 및 야경을 보기 위해 장강케이블카를 탄다. 케이블카 타는 줄도 여유로워 5분 후 엘리베이터를 타고 케이블카 탑승장으로 갔다. 중국은 어느 곳이든지 짐을 엑스선으로 검색해야 한다. 지하철역, 박물관 그리고 이곳 케이블카 탑승장도 마찬가지이다. 케이블카는 생각보다 오래된 흔적이 보인다. 서울 남산에서 탔던 케이블카보다 조금 더 오래된 듯하다. 높은 건물 빌딩 옆 오래된 아파트들, 그리고 흙탕물인 장강 위로 양쪽 강을 잇는 다리가 있고 유람선들이 오가고 있다. 지금 눈에 보이는 광경이 생각만큼 화려하지는 않지만 밤이 되면 또 다른 장강의 모습을 볼 수 있다고 한다. 강의 양 옆 부분이 서울 한강처럼 넓은 평지로 형성되어 있는 것이 아니고 경사가 가파른 절벽처럼 되어 있다. 그 옆으로 비탈 도로가 있고 고층 건물들이 있는 것을 보면 충칭 지역 지형의 특징을 알 수 있다. 반대편으로 건너와 주위를 둘러본 후 다시 줄을 서서 케이블카를 타고 처음에 있던 장소로 돌아왔다. 반대편에서도 다시 줄을 서려면 1시간 이상이 걸려야 한다는 소리를 들었는데 바로 줄을 서서 탈 수 있다. 장강 유역은 중국에서 가장 오랫동안 사람들이 거주했던 지역이다. 장강은 오랫동안 정치 · 문화적으로 중요한 역할을 했으며 중국 사람들이 애정을 갖는 강이다. 장강 삽엽은 중국사람들이 꼭 가보고 싶어 하는 관광지이기도 하다.

몇 시간을 기다려도 타기 쉽지 않다는 장강 케이블카를 가뿐하게 탔

다는 만족감을 가지고 숙소 쪽으로 이동을 하였다. 중국에서는 구글 지도가 되지 않기에 바이두 지도 앱를 켜고 해방비 근처의 숙소를 검색해 보니 700m 남짓한 거리이다. 충칭시내도 교통 체증이 자주 일어나는 곳이기 때문에 걸어서 이동하였다. 해방비까지 가는 길에는 대형 백화점, 세계적인 체인의 호텔이 가득하다. 하지만 평지라기 보다는 언덕 형태의 지형을 지니고 있어 캐리어를 끌고 가는게 여간 힘든게 아니다. 현대적인 빌딩 사이로 서민들이 사는 허름한 아파트가 있고 그 사이에 포장마차 스타일의 작은 식당들이 있다. 이곳이 충칭에서 유명한 음식 중에 하나인 충칭소면 식당가이다. 오순도순 목욕탕 의자 같은 곳에 앉아 식사를 하는 모습들이 보인다. 점점 GUCCI 등 화려한 명품 매장들이 가까이 보인다 싶었는데 가운데에 커다란 비석이 있다. 블로그에서 봤던 해방비이다.

해방비는 충칭 최대의 상업중심지대에 자리잡고 있으며 충칭(重庆)을 대표하는 상징적인 비석(碑)이다. 해방비는 제2차 세계대전시기, 중일전쟁에서 중국이 일본을 중국 대륙에서 쫓아낸 후 일본으로부터 해방되었다는 의미를 가지고 있다. 하지만 여기에 또 다른 "해방"의 의미에서 이름 지어졌다. 그것은 국공합작으로 일본군을 몰아내고 난 후 시작된 국민당과 공산당간의 내전에서 마오쩌둥의 공산당이 국민당을 몰아내고 승리한 후에 인민들이 지배

계급으로부터 해방되었다는 것이다. 총 높이는 27.5m로 현재는 충칭의 상징이자 중요한 랜드마크이다. 해방비의 주변은 충칭 제일의 번화가로 백화점, 식당, 은행 등이 밀집해 있다. 국경절 연휴라 걱정하긴 했는데 생각보다 사람이 많지 않아서 좋다. 호텔을 찾아 체크인을 하고 방에 들어가 짐을 내려 놓았다. 30층 호텔에서 내려다 보이는 VIEW가 정말 멋있다. 상하이에서 봤던 화려함 위주의 그 광경과는 다르게 원숙함이 보이는 느낌이랄까? 어제 밤에 충칭에 도착해서 아침부터 서둘렀더니 피곤함이 몰려온다. 하지만 10월 1일 국경절이 다가올수록 사람들로 붐비기에 부지런히 움직이자는 생각으로 다시 호텔을 나섰다.

인민대례당과 삼협박물관

우리가 충징에서 방문하는 대부분의 장소가 지하철을 통해서 다니기 쉬운 곳이다. 해방비 인근 시내 아래로 지하철역이 있다. 해방비 린장먼(临江门)역에서 지하철 2호선을 타고 가다보면 밖으로 흙탕물 장강이 보인다. 강 유역 높은 빌딩과 함께 주거지인 아파트들이 있어 사람들의 생활 모습들이 보인다. 曾家岩역 A출구로 나와 길고 습기가 많은 음침한 통로를 지나면 인민대례당과 삼협박물관이 나온다. 중국은 어느 곳이나 박물관이 잘 구성되어 있다. 거기다가 입장료도 무료이다. 삼협박물관(重庆三峡博物馆, 총칭싼샤보우관)은 2005년 충칭직할시 8주년 기념으로 개방된 충칭시의 종합박물관이다. 기존에 있던 충칭시 박물관과 합병하여 지금의 모습을 갖추게 되었다. 이곳은 충칭의 역사문화유산과 더불어 최근 충칭에 새롭게 지어진 삼협댐의 건설과정과 의의에 대해 전시하고 있다. 삼협댐 건설은 중국의 여러 국정사업에서 꽤 중요한 사업 중 하나였다. 박물관은 삼협댐과 관련된 부분이 가장 큰 비중을 차지하고 있기 때문에 명칭이 삼협박물관이다. 댐 건설로 인하여 기존의 아름다운 풍경이 가려지기도 하였지만 그로 인해 새로 생긴 풍경이 더 아름답다고 한다. 배를 타고 가는 장강 삼협의 관광 코스는 2~4일 정도의 관광투어를 통해서 다녀오기도 한다. 삼협박물관의 4대 주제는 壮丽三峡(웅장하고 아름다운 삼협), 远古巴渝(먼 옛날의 파유, 충칭), 重庆 · 城市之路(충칭 도시의 여정), 抗战岁月(항전의 세월)이다. 4층까지 있고 규모도 제법 커서 둘러보는데 시간이 오래 걸린다. 삼협박물관은 충칭의 발전모습과 삼

협댐 등 꽤 볼기리가 많다. 오후 5시에 임박하자 박물관 문을 닫기 위한 음악이 박물관에 울려퍼진다. 미국의 섹소폰 연주가인 케니지의 Going home이 흘러오는 것이 무척 이채롭다. 삼협박물관과 인민대례당 사이의 광장에는 곧 있을 국경절을 위한 준비로 무척이나 바쁜 듯하다. 곳곳에 중국의 오성홍기 장식이 있고 광장에는 오성홍기 깃발이나 페이스 페인팅을 파는 노점상들이 오가는 우리를 잡아 세운다.

인민 대례당은 입장시간이 지나 들어갈 수 없기에 앞에서 기념 촬영을 하였다. 인민대례당은 명·청시대의 건축 특색을 채용하였고 베이징의 천단공원을 베이스로 하여 만들어졌다. 1951년 공사를 시작하여 1954년에 완공된 총면적 66,000m², 건물면적 25,000m²에 달하는 충칭시의 대표적인 건축물이다. 베이스는 중국의 천단공원이지만 중국정부에서 10대 현대건축물 중의 하나로 지정할 정도로 화려하고 웅장하다. 인민대례당 5층의 천단은 베이징의 천단공원의 원형바식 중앙홀과 매우 흡사하다. 건물 안에는 4200개의 좌석과 높이 55미터 내부 직경 46미터 지붕 무게가 680톤이다. 다만 홀 가운데 기둥이 하나도 없는 것으로 세계건축사에 기록된 건물이다. 1954년 완공 후 서남행정위원회로 명명하였고 1955년 현재의 이름을 가지게 되었다. 주요 용도는 공연, 회의 장소이며 한국의 국회의사당과 비슷한 성격을 지녔다. 밖에서 봤을 때 건물의 크기는 매우 크고 웅장하나 실제 홀의 크기는 생각보다 크지 않다고 한다.

저녁 노을 사이로 보이는 인민대례당과 삼협박물관의 모습이 더 아름답다. 다시 숙소 근처로 와서 인근 한식 고깃집에서 저녁을 먹었다. 여행에서 그 지역의 특색 음식을 먹는 것도 중요하지만 역시 한국 사람은 밥을 먹어야 한다. 피곤함과 포만감으로 해방비 인근의 모습이 더욱 더 화려하고 아름답게 보인다.

홍야동

충칭을 가로지르는 장강 옆으로 홍야동(洪崖洞, 홍애동)이라는 건물 및 번화가가 있다. 원래의 명칭은 홍애동(洪崖洞)인데 사람들은 일반적으로 홍야동이라 부른다. 홍야동은 넓은 절벽의 동굴이라는 뜻으로 건물 끝에 동굴이 있다. 하지만 대부분의 사람들은 동굴보다는 홍야동의 야경과 먹거리 골목에 관심이 있다. 중국스러우면서도 조금은 또 이색적인 느낌이 드는 곳! 낮과 밤의 차이가 확연히 차이 나는 이곳은 2300년의 충칭의 역사와 혼동하여 2300년 전에 지어진 건물이라고도 알려져 있다. 하지만 홍야동은 2005년에 묘족의 전통가옥이 조각루 형태로 재건축 된 곳이다.

해방비에서 걸어갈 수 있는 거리라 바이두 지도 앱을 켠 후 홍야동까지 걸어서 갔다. 홍야동은 해방비 인근에서 오다보면 11층의 건물 가장 꼭대기층과 만나 그 안에서 계단이나 엘리베이터를 통해 아래층으로 내려간다. 산비탈에 기대어 지어진 조각루 형태의 11층 건물로 평지가 많지

않은 충칭의 지리적 조건을 잘 보여주고 있는 대표적인 볼거리이기도 하다. 11층은 시티 발코니, 5, 6, 9, 10층은 레스토랑, 7, 8층은 호텔, 4층은 전통 음식거리, 3층은 전통공예 거리, 2층은 홍야동 전통 상점, 1층에는 앤틱숍까지 야경은 물론 쇼핑, 먹방까지 다 해결이 되는 충칭의 랜드마크이다. 장강을 따라 약 600미터 폭, 11층 건물로 관광객을 위한 쇼핑, 식당, 호텔이 밀집해 있는 것이다. 11층 꼭대기에서 입장을 하는 사람들은 휴대폰 앱을 통해 받은 입장권으로 통제하는 경우가 있기 때문에 천시문 대교의 중간까지 걸어가 다리 난간에서 홍야동 야경을 카메라에 담는 경우도 많다. 그래서 사람들이 많을 때는 다리 위가 일방통행길로 바뀌어 돌아올 때는 도로 건너편 반대편으로 와야 하는 경우도 있다.

홍야동이 과거 도시라면 건너편의 높은 빌딩들은 미래 도시처럼 대조적인 모습을 보인다. 현재는 수많은 관광객을 위한 먹거리와 카페 그리고 충칭의 특산물과 다양한 공예품이 가득한 곳으로 고대 쇼핑몰과 같은 느낌이기도 하며 최초 절벽에 지어진 건물들로 인하여 층계식 구조의 건축 느낌이 특이하다. 총 13층(지하 2층)이며 상업시설인 11층으로 이뤄진 공간 하나하나는 다양한 볼거리와 먹을거리가 있지만 역시 이곳의 매력은 중국의 특징을 담은 “야경”이다.

대한민국 임시정부

내가 중국에 온 해 2019년은 대한민국 임시정부가 세워진 지 100주년이 된 해이다. 상하이 신천지에 가서 최초의 임시정부를 돌아보고 홍커우 공원의 윤봉길 기념관을 다녀온 후로 그들의 그 당시 삶을 자주 생각해 보게 된다. 항저우 임시정부도 가보고 싶었지만 가보지 못해 아쉽기만 했는데 충칭에서는 임시정부의 마지막 모습을 볼 수 있다는 생각에 전날부터 가슴이 두근두근... 세 번째 날이 다가왔다. 오늘의 일정은 비교적 여유롭다. 1박 2일 가기로 했던 인근 청두를 패쓰했기 때문에 하루 일정이 여유로웠고 그를 대신하여 내일 충칭 인근의 당일 코스를 알아보기로 하였다. 세계자연유산으로 알려진 우룽(武隆) 현지 1일 투어를 위해 호텔 로비 관광코너에서 알아보기로 하였다. 우리나라 사이트의 1일 투어 요금에 비해 1/3비용으로 투어를 할 수 있지만 중국어 소통이

원활할지 걱정이 된다. 와이프와 아들이 일단 중국어 소통이 조금씩은 되는 것을 믿고 투어 계약서를 작성하고 임시정부로 이동하였다. 임시정부도 해방비에서 1km 정도 거리라 걸어서 가기로 하였다. 오르락 내리

락 충칭의 거리를 걷다보면 우리나라 부산의 해안가 도로와 옛집들의 형태가 생각난다. 로컬 특유의 아파트와 시장, 식당가를 지나다 보니 바이두 지도 앱이 길을 잘 찾지 못하고 있다. 외부 사람들의 왕래가 거의 없는 거리라 사람들이 우리를 좀 특이하게 본다. 휴대폰을 커다랗게 돌려보면서 다시 방향을 잡길 바랬다. 계단이 있어 아래로 내려가면서 보니 텔레비전과 인터넷에서 보았던 '부정시림국민한대'라고 글자가 보인다. 이곳이 바로 대한민국임시정부다!

충칭 대한민국 임시정부 청사는 1940년부터 제2차 세계 대전이 끝나던 1945년까지 사용하던 건물이었으나 1991년에 충칭의 도시재개발계획으로 청사의 존립이 위기에 처했을 때 국내 몇몇 대기업들이 힘을 모아서 복원작업을 시작하여 1995년에 완공하였다. 대한민국 임시정부는 1919년 3 · 1운동 후에 중국 상하이에서 설립되어 27년간 활동을 했는데 제1기 상하이 시대(1919~32)와 제2기 이동시대(1932~40), 제3기 충칭시대(1940~45)로 구분하고 있다. 상하이에 있던 대한민국 임시정부는 윤봉길 의사의 훙커우 공원 의거로 일본군에 쫓겨서 유랑생활을 하다가 1940년 충칭에 정착하게 되었고 충칭을 임시수도로 정한 중국 국민당 정부의 지원으로 중국육군군관학교 뤄양(洛陽)분교에 한인특별반을 설치하여 군사위원회를 두는 등 독립군 양성에 많은 힘을 기울였다.

충칭 임시정부 청사는 좁다란 마당을 사이에 두고 좌우로 회의실과 접견실, 장관실 등 5개 동의 건물이 층계를 이루면서 비좁게 늘어서 있었다. 1호동에 있는 전시실을 들어서면 김구 주석의 흉상이 전람관 중앙 태극기 앞에 있어서 나도 모르게 예의를 갖추게 한다. 청사 안에는 김구 선생과 장제스 총통간의 회담 자료와 독립신문, 광복군 관련 자료, 윤봉길 의사와 이봉창 의사의 한인 애국단 입단 선서문 등이 전시되어 있고, 방마다 그 당시에 사용하던 책상과 의자, 침대와 선풍기 등이 놓여 있었다. 루쉰 공원의 윤봉길 기념관에서 보았던 윤봉길 의사의 거사 동영상이 상영되고 있었고. 임시정부 청사를 돌아보니 그 당시 어려웠던 여건 속에서도 나라를 되찾겠다는 선인들의 의지와 노력에 저절로 고개가 숙여진다. 우리나라 경제인들이 임사정부 청사를 지켜준 것에 감사를 드린다. 임시정부로 가는 길이었던 중국 특유의 로컬의 느낌이 묻어나는 아파트들, 식당, 상점들이 무척이나 인상 깊다. 이전의 임시정부 청사에 비해서는 비교적 여유롭고 큰 건물이지만 그 당시 골목골목 일본의 눈을 피해 움직였을 임시정부 요인들의 모습이 그려져 마음이 아프기만 하다.

츠치커우

츠치커우! 블로그 검색을 통해서 알아보니 시내에서 다소 거리가 있긴 하지만 충칭에서는 꼭 가봐야 할 곳이라 한다. 원래는 항구로 유명했지만 인근에 도자기 공방이 들어서면서 도자기가 유명해지자 자기구(츠치커우, 磁器口)'라는 이름으로 불리게 되었다. 1,700년이 넘는 오래된 가옥과 도자기 가마가 남아 있는 이곳은 명 · 청 시대의 자링강변 인근 마을 모습이 그대로 재현되어 있다.

2호선 츠치커우(磁器口古) 지하철역에 내려서, 걸어가다 보면 가판대로 식당, 슈퍼마켓 등이 일렬로 줄지어져 있다. 10월 초 반팔 티셔츠를 입고 있는데도 매우더운 것을 보면 충칭이 중국의 3대 화로라 불리는 이유를 알 수 있을 것 같다. 큰 길을 따라 걷다보면 磁器口가 보인다. 이곳은 각종 기념품, 장신구 및 먹거리를 판매하는 사람들로 가득하다. 츠치커우 입구에서 들어가는데 바로 마라의 매운 향기가 난다. 톈진에서 봤던 다양한 맛의 꽈배기 과자도 있고 마라훠궈를 직접 만들어 파는 가게들도 많다. 커다란 가마솥에 있는 충칭훠궈를 삽을 닮은 커다란 국자로

젓고 있다. 충칭의 특산품! 충칭훠궈는 다양하게 포장해서 판매를 한다. 충칭에는 특유의 훠궈식당이 곳곳에 있다. 또 하나의 충칭 특색음식인 쏸라펀(酸辣粉)도 있다. 이름처럼 시고 매운 면이라고 생각하면 된다. 쏸라펀은 일반 면과 다르게 고구마 전분이 주재료이다. 여러 명의 아저씨들이 직접 손으로 치면서 면을 뽑아 내고 있다. 초코, 딸기, 망고 등 다양한 맛의 아이스크림도 있다.

국경절 바로 전이라 다른 곳은 사람들이 생각보단 덜 붐볐는데 이곳은 사람들로 북적북적 하다. 분장을 하고, 무료관람이라고 경극 호객행위를 하는 사람들이 있다. 중국 전통 옷을 입고 전통 촬영하는 곳도 있다. 중국 어느 도시를 가나 비슷하게 있는 중국 전통 거리, 명청 시대의 마을과 시장의 모습을 닮은 이곳, 한국의 인사동 또는 전주한옥 마을 등이 생각난다.

충칭 인근 보물 우룽

충칭시 우룽현은 세계 자연유산을 3개나 가지고 있어 국가지질공원으로 지정된 지역이다. 충칭의 외곽지역으로 현 자체가 카르스트 지대로 동굴과 협곡 경치가 뛰어나다. 중국 윈난성 등 남부에는 카르스트 지대가 넓게 펼쳐져 있는 특징이 있고, 충칭의 우룽은 깊고 움푹한 자연적으로 형성된 다리 모양의 지형이 유명하다. 예전에는 교통이 불편하여 사람들이 가기 쉽지가 않았다. 하지만 요즘은 충칭에서 버스로 2시간이면 갈 수 있는 당일 치기 1일 투어나, 개인적으로 기차 및 버스를 활용하여 아름다운 풍경을 보고 오려는 사람들로 붐빈다. 이곳은 2006년 장이머우

(张艺谋)감독의 〈황후화〉 촬영지로 등장했으며, 〈트랜스포머 4〉에서 자동차 로봇이 나오기도 한 장소이다. 우룽 관광 코스로 가장 유명한 장소는 천생삼교가 있는 천갱(天坑)과 카르스트 협곡이 아찔한 지봉(地缝)으로 나눠진다.

어제 대한민국 임시정부를 가기 전에 호텔 로비 한켠에 있던 관광코너를 통해 중국 현지 1일 투어 예약을 했다. 블로그를 찾아본 여러 투어 금액과 옵션 등이 달라서 조금은 혼란스러웠다. 아침 7시 10분 조식을 포기하고 호텔로비 앞에서 관광코너 아저씨를 만나 해방비 앞으로 갔다. 아저씨에게 가이드만 따라다니면 되냐고 물어봤더니 가이드에게 한국 사람들이니 잘 좀 부탁한다고 말씀해주신다. 하지만 가이드는 아직 안 온 사람들 명단과 연락처에만 시선이 꽂혀 있어 우리에게 쏟을 정신이 없는 듯하다. 아직 안 온 사람들을 기다리다가 인근 도로에 서 있는 버스에 탑승하여 출발하였다. 2시간 정도 간다고 하는데 갑자기 화장실이 가고 싶다. 언덕 길을 15분을 가다 강변 옆에서 버스가 서더니 사람들이 모두 내린다. 가이드에게 무슨 일인가 물어봤더니 앞에 있는 사람을 쫓아가란다. 우리가 내린 곳은 각 지역에서 온 사람들이 충칭 인근의 목적지에 맞게 버스를 갈아타고 출발하는 곳이다. 이곳에서 우룽 가는 사람들은 우룽행 버스를 타고 가야 한다. 새로운 우룽행 가이드가 명단을 확인하고 있다. 명단을 다 확인한 후에 버스가 출발하고 가이드는 마이크를 잡고 쉴새 없이 중국어로 떠들었다. 자기 소

개를 하는 듯하고 1일 투어를 위해 우리가 지켜야 할 일을 말하는 것 같고 오늘 갈 장소에 대한 소개를 하는 듯하다. 우리 가족 빼고는 다 중국인이다. 고로 무슨 얘기를 하는지 알아 들을 수가 없다. 중국에 온 지 8개월째 되었는데 그렇게 짧은 시간에 속사포 같이 많은 중국어를 들어본 것은 처음이다. 그냥 조금이라도 알아 듣는 영어라면 좋을텐데... 중국 가이드분은 영어를 못한다. 물론 나도 못한다. 목이 마르지만 화장실을 가야하는 상황 때문에 물을 마시지 않고 조용히 눈을 감았다. 피곤함에 잠깐 졸았는데 다행히 중간에 휴게소를 들러 화장실에 다녀올 수 있었다. 한국 같았으면 매점도 좀 다녀오고 했었을 텐데 언어가 통하지 않는다는 생각에 가로막혀 잽싸게 버스로 돌아와 앉는다. 시간적 여유가 있어서 가이드에게 말을 걸어 부족한 옵션비를 내려고 했더니 버스에 있는 모든 분들이 옵션으로 125위안을 냈다고 해서 가족 3명 375위안을 위챗으로 결제를 하였다. 인터넷 블로그를 그렇게 많이 찾아봤는데 옵션이 다 달라서 정확히 우리의 기본 옵션이 어떻게 되었는지 확인이 힘들다. 버스로 다시 달리다 우룽 휴게소에 내려 첫 번째 옵션인 듯 수석박물관을 관람하였다. 우룽을 보려고 했던 이유가 아름다운 자연광경을 보려 했기에 별 관심이 없었지만 나름 열심히 보았다. 조식을 포기하고 아침 일찍 일어나 왔더니 배가

고프다. 근처의 식당에 도착하여 그룹을 묶어서 한 테이블에 8~9명씩 같이 식사를 하였다. 우리가 먹어도 무난한 동북식의 식사인 것 같은데 반찬도 두부, 계란탕 등 8가지 정도의 반찬들이 생

각보단 맛있었다. 아침 일찍 떠났는데도 불구하고 어느새 1시가 넘어간다.

다시 버스를 타고 산 정상을 향해 계속 돌고 돌아 도착한 곳은 블로그에서 많이 봤던 유리 잔도이다. 덧신을 신고 유리 잔도 쪽으로 갔는데 아찔하다. 유리라서 절벽 아래 끝이 너무나 잘 보인다. 고소공포증이 있는 것은 아니지만 보자마자 너무 아찔해 철골 부분으로만 다니게 되었고 나중에는 다리가 후들후들 거렸다. 와이프와 아들은 계속해서 그곳에 있지만 아쉽게도 난 밖으로 나와서 가족들을 바라보며 사진을 찍었다. 보통의 블로그에서 봤던 사람들은 이곳에서 옵션비를 따로 냈다고 하던데 우리는 모두 포함된 가격이었다. 유리잔도에서 돌아 나왔더니 가이드가 먼저 제출했던 신분증을 나눠주면서 천생삼교를 관람한 후 시간에 맞게 내부의 화장실 근처에서 만나자고 하였다. 이때 휴대폰 번역기가 이러한 이야기들을 우리한테 정확히 해석을 못해줬고 가이드도 답답했는지 우리와 같이 가주겠다고 했다. 하지만 우리는 패키지 일행 중 아빠, 엄마, 딸 일행 가족과 함께 가도 되냐고 물어본 뒤 그들을 따라 가기로 하였다. 중국의 여행지나 기차역에서는 신분증 검사기 인식을 통해 표 구입 여부를 확인한 후 입장을 하는 경우가 많다. 이곳에서도 입구에서 신분증 인식을 시키고 들어가는데 우리는 여권이라 인식이 안된다. 우리한테 뭐라고 말하는 듯했지만 함께 다니는 중국가족 일행이 충분히 설명을 해주어 입장을 하게 되었다. 지그재그 식으로 20분 정도 산길을 꾸준히 내려가다 보면 천생

삼교를 만나볼 수 있다.

천생삼교는 하늘이 낳은 3개의 다리라는 뜻으로 전형적인 카르스트 지형경관에 속하며, 세계적으로 보기 드문 지질지형을 가지고 있어서 유명하다. 산, 물, 안개, 샘, 협곡, 산봉우리, 시냇물, 폭포 등 한 곳에서 아주 다양한 경관을 볼 수 있어 더욱 유명하다. 수많은 계단을 쭈욱 내려와서 본 것은 영화 '트래스포머 4'의 촬영지이다. 로봇 모양 앞에서 사진을 무료로 찍어준다. 먼저 열쇠고리를 나눠주고, 사진을 찍고나면 번호가 적힌 종이를 준다. 나중에 출구에 사진 인화한 것을 무료로 받을 수 있으니, 꼭 사진을 찍는 것이 좋다. 작은 사진은 무료이고 큰 사진은 20위안인데 안사도 된다.

천생삼교의 묘미는 '천복관역(天福館驛)'으로 장예모(張藝謀) 감독의 영화 '황후화'의 유일한 야외촬영 장소이다. 원래 이곳은 위에서 내려오는 계단에서 내려다봐야지 제맛인 함께 갔던 중국 가족들이 볼 필요가 없다고 한다. 얹혀가는 입장이라 말을 잘 들어야겠지만 그래도 아쉬운 마음이 들어 조금만 기다려 달라 하고 올라가 사진 몇 장을 찍었다. 비가 오면 위험해 산책로를 막아놓을 때도 있다고 한다. 천생삼교에서 천룡교(天龙桥)는 손가락 모양, 청룡교(青龙桥)는 칼의 모양, 흑룡교(黑龙桥)는 원숭이 얼굴 모양이다. 3개의 다리 모양 지형을 보며 자연의 아름다움에 감탄을 했다. 출구로 나왔더니 다시 버스를 타고 용수협 지봉으로 이동을 하였다. 줄을 서서 엘리베이터를 타고 직하강으로 내려가서 만나는 용수협 지봉의 모습, 사람의 손이 닿지 않은 듯한 자연적이고 원시적인 풍경들이 너무 아름답다. 아슬아슬한 잔도 및 계단을 내려가서 만난 폭포, 곳곳이 그림과 같다. 이 폭포는 카르스트 폭포로 하류 카르스트 지형과 같은 범위에 속하며, 카르스트 형성과정에 직·간접적으로 연관이 되어있다고 한다. 뿌연 물들과 산소발생량이 충칭의 100배가 넘는다는 곳, 폐 세척기라고 한글로 써 있는 장소, 말로 형용할 수 없이 아름다운 장소였다. 산소 음이온이 엄청 많아서 폐의 신진대사를 촉진시켜준다고 한다. 어쩐지, 공기가 너무 상쾌하더라. 같이 간 중국 가족 일행분들이 우리 가족을 많이 기다려주시고 설명까지 해주셔서 너무 감사했다. 출구에서 감사하여 과일을 사드렸더니 한사코 거절을 하신다. 올 땐 너무나 걱정했던 중국 현지 1일 투어였지만 오늘 봤던 경치는 내 일생 최고의 광경이었다. 충칭은 정말 기대 이상으로 아주 발전했고, 볼거리가 많은 대도시이다. 충칭시내로 돌아오니 저녁 8시가 다 되었다. 출발한 지 13시간 만에 도착한 것이다.

충칭 미술관

오후 4시 비행기이지만 오늘은 집으로 돌아가는 날이기에 늦게까지 잠을 자고 조식을 먹는 여유를 부렸다. 우리가 머문 호텔은 충칭의 시내 한복판인 해방비 인근에 있어 주위의 식당, 백화점, 아울렛, 마트, 편의점 등의 편의시설을 다양하게 이용할 수 있는 곳이다. 인근에 애플 로고가 보이는 애플스토어를 들어가 보았더니 아직 우리나라엔 나오지 않은 아이폰의 새 모델이 보인다. 중국 곳곳 어디에나 있는 스타벅스에 들어가 조각 케이크와 아메리카노를 한잔 마시면서 공항 가기 전에 잠깐 들러 갈 장소를 의논하였다. 도심 속의 호텔에서 내려다 보이던 충칭의 천년사찰! 문화대혁명 때 파괴된 것을 1980년대 새롭게 중건한 나한사(罗汉寺)를 가볼까 아니면 홍야동을 좀 여유롭게 보다가 갈까 생각해 보았다. 그러고 보니 애플스토어 옆으로 올라가는 계단에 바로 보이는 충칭 미술관!

빨간 모양의 예쁜 건물 충칭미술관. 다행히 월요일이 아니라 휴관이 아니었다. 역시 입장료는 무료이다. 규모가 큰 곳은 아니다. 상설로 전시하는 것이 아니고 일정한 기간에 테마를 잡아 전시하는 형태의 미술관 같다. 입구에서 엑스선 검사를 하고 입장을 하였는데 이번 주제는 중국 국경절 70주년 관련 미술사를 이야기하는 것 같다. 여유롭게 다양한 미술작품을 감상한 후 공항으로 출발하였다. 오늘부터 중국의 연휴가 본격적으로 시작되어 해방비 인근에 많은 사람

들로 붐빈다. 커다란 화면으로 천안문 중국 국경절 퍼레이드 현황을 보여주고 있고 중국사람들은 그 모습을 경이롭게 그리고 자랑스럽게 쳐다보고 있다.

충칭을 떠나며

이번 도시 충칭은 중국의 4대 직할시 중 하나로 다롄에서 가장 먼 도시였다. 한국에서 중국집 四川 짜장 메뉴판을 보며 쓰촨성을 기억했던 일이 생각난다. 최근 지진이 일어난 곳, 우리가 타기로 한 항공사에서 비행기 사고가 났던 곳이기도 하여 많이 걱정이 되었다. 하지만 시간적 여유가 있었다면 팬더곰과 삼국지의 도시인 인근 쓰촨성의 성도 청두와 함께 연계하여 꼭 가보는게 좋을 것 같다. 여행 계획 중에 청두를 포기하게 되었지만 어렵게 결정한 우룽은 신의 한수인 것처럼 충칭여행을 대만족시키게 만드는 장소였다. 우리의 자랑스러움과 동시에 아픔이 담겨 있는 대한민국 임시정부의 모습을 보며 자긍심을 갖을 수도 있었다. 중국에 있는 동안 대한민국 임시정부와 관련된 나머지 장소를 모두 가

보고 싶다는 생각이 든다. 높은 빌딩으로 둘러 싸여 있는 해방비, 야경이 아름다운 홍야동, 중국 전통의 모습이 담긴 츠치커우, 너무나 맵던 훠궈... 충칭 곳곳에서의 경험을 다시 한번 우리 가족의 추억앨범 한 권에 담아둔다.

국민당의 임시수도였던 곳, 산지와 강 그리고 안개로 둘러싸여 있는 곳, 중일 전쟁 때 일본의 폭격이 심했던 도시, 역사적 이면에 아픔도 있지만 굳굳하게 중국의 대도시로 자리 잡은 곳.

늘 그랬던 것처럼 여행을 마치고 공항으로 떠나는 발걸음에 아쉬움이 든다. 하지만 아직 못 가본 중국 곳곳을 머리 속에 그려보며 다음 여행을 상상해 본다.

제 3 부

교육으로 바라보는 중국 이야기

10장

역사 왜곡 현장에서 생각하는 대한민국

中 곳곳 방학 맞아 관광객 가득
학생들과 우리의 흔적 찾았지만
卑沙城 이름 바꿔버린 표지석이…

중국의 초등학교가 일제히 긴 방학에 들어갔다. 중국은 9월에 새 학기가 시작되는 만큼 상급학교 진학을 위한 시험은 6~7월에 실시된다. 이와 함께 졸업식도 6월 말 경에 주로 이루어진다.

더불어 초등학교 1학년, 중학교 1학년, 고등학교 1학년 등 각 학교 1학년의 학급 구성원과 담임선생님이 결정되면 입학부터 졸업할 때까지 학급 친구들과 담임선생님이 함께 진급하는 시스템을 갖고 있다.

중국의 선생님들은 엄격하기로 소문이 나 있다. 우리의 80~90년대 교실 모습과 비슷하다는 생각이 든다. 우리나라도 그렇지만 중국 학생들은 초등학교 때부터 새벽같이 일어나 학교에 가서 또 늦은 시간에 하교한다.

그리고 주어진 과제를 해결하느라 늦게 잠을 자는 경우가 많다. 중국

엄마들은 억척스럽다. 아이들을 학교와 유치원까지 데려다준다. 등하교 시간이 되면 학교 앞에는 고급 승용차들로 혼잡을 이룬다. 빈부의 격차 수준이 이런 부분에서 나타나는 경우도 많다. 중국과 우리나라 모두 자녀에 대한 사랑과 교육열은 대단하다.

중국에 있는 한국국제학교는 대한민국 교육부와 중국 교육부가 승인하여 유치원, 초 · 중 · 고등학교 과정을 갖춘 학교가 많다. 그래서 중국과는 달리 한국의 학제를 따른다. 기본교육과정은 대한민국의 교육과정을 바탕으로 해외에서 한국인의 정체성을 정립하고, 국제학교로서 영어와 중국어를 구사할 수 있도록 하며, 미래 글로벌 인재로서의 기본품성과 전문소양을 갖출 수 있는 다양한 교육활동을 실시한다.

7월부터 8월까지는 중국 전역이 관광객들로 붐빈다. 많은 가족이 학생들의 방학 기간을 이용하여 휴가를 떠난다. 이 기간에 움직이는 중국인들이 10억 명에 이른다. 문화유산이 많은 중국 곳곳의 역사 유적지에는 외국인뿐 아니라 자국민들로도 가득하다. 비행기로도 4~5시간에 이르고 시속 300km의 고속열차로도 7~8시간 걸리는 대륙 곳곳에서 자국의 우수한 문화유산을 관람하기 위해 오는 그들의 관심과 노력이 대단하다.

필자가 있는 중국의 요녕성 대련시에는 요동 땅 대부분을 차지했던 고구려, 그 위풍당당하고 용맹스럽다고 어릴 때부터 배워왔던 고구려의 흔적, 비사성이 대흑산 꼭대기에 위치하고 있다. 해외에서 한국인의 정체성을 정립하기 위한 교육을 하는 교사로서 컵스카우트 담당 선생님들과 역사체험 장소를 이곳으로 정하였다.

6월 무더운 날씨에도 불구하고 컵스카우트 대원들과 대흑산을 등정하였다. 산으로서 가벼운 코스도 있지만 초등학생이 가기에는 아찔한 코스도 꽤 있어 조심스럽기만 하였다. 무더운 날씨에도 한 사람의 낙오도 없이 끝까지 씩씩하게 산을 오르는 모습을 보며 안중근컵스카우트 대원들의 모습이 대견스러웠다.

비사성(卑沙城)은 고구려 역사에 있어 군사적으로 매우 중요한 요충지였다. 비사성은 발해만 우리나라의 서해가 보이는 전망을 갖고 있고, 이 비사성으로부터 안시성, 백암성 등등으로 이어지는 고구려 천리장성의 주요 거점이기도 하다. 발해를 세운 대조영이 세력을 이곳에서 규합하여 우리의 고구려, 발해 역사와 매우 인연이 깊은 곳이다.

대흑산 입구에서 올려다 보이는 곳이 비사성이다. 비사성은 삼면이 병풍처럼 절벽으로 둘러쳐져 있어서 성 함락이 쉽지 않았다. 오로지 서문을 통해서만 성에 올라갈 수 있었다고 한다. 이러한 조건으로 인해 요동반도의 천연 요새였다. 산꼭대기에 다다를수록 선명하게 보이는 성벽들을 학생들에게 주의 깊게 보도록 하였다.

한 시간 남짓하여 올라간 비사성 서문 입구 한쪽에 대흑산 산성이라는 표지석이 보인다. 원래 이름인 '비사성' 대신 동북공정의 일환으로 '대흑산산성'이라고 바꿔 써 놓은 것이다. 서문을 지나면 저 멀리 누각이 보인다. 고구려 장군이 병사들을 지휘하던 장소라고 하는데 중국은 이곳을 옥황상제를 만드는 옥황전으로 만들어버렸다.

그 옆에는 돌로 만든 당나라 기마와 기병들을 양옆으로 배치해서 고구려 유적지를 당나라 도교 유적지로 바꿔버렸다. 우리 역사의 현장 속에서 대한민국의 학생을 인솔하고 온 교사로서 자랑스러움과 착잡한 마음이 함께 들었다. 학생들과 내 인생에서 중요한 단체 사진을 찍고 비사성 누각 곳곳의 광경을 바라보았다. 누각 뒤편으로 바라보면 바로 아래는 절벽이라 매우 아찔하다. 우측으로 가면 발해만과 우리나라의 서해를 볼 수 있다.

중국 수나라와 당나라의 침입을 방어하기 위해 축조된 천리장성의 전략적 요충지였던 비사성을 방문하여 고구려인의 기상과 흔적을 다시 한 번 되새겨 보는 시간을 가진 것이다.

11장

岳飛 '하나의 중국' 걸림돌(?)

역사교육 딜레마 빠진 中

한때는 민족 영웅이었지만
교과서에서 관련 내용 삭제

아무래도 중국에서 살다보니 중국의 여러 곳을 자주 여행하게 된다. 이러한 특이한 경험은 나 스스로에게도 그렇지만 중학교 1학년인 아들에게도 살아가는데 있어 큰 힘이 될 거라고 생각을 한다. 우리나라의 여름 무더위도 심하지만 중국의 여름도 무척이나 덥다. 중국의 도시 중 난징, 충칭, 우한은 중국의 3대 화로로 불리는 무더운 곳이다. 이곳의 더위는 최고 섭씨 40도 이상으로 올라간다. 게다가 습도까지 높다. 워낙 대륙의 크기가 크다보니 다양한 기후를 가지고 있고 그러한 기후의 이상으로 우리가 생각하는 것보다 큰 피해를 입기도 한다.

중국의 학교도 9월 새 학년이 되기 전 여름방학을 한다. 대륙 곳곳에 있는 역사의 현장에는 자랑스런 문화를 보여주고 싶은 중국의 부모들과 그 자녀들로 가득하다. 상하이박물관은 베이징고궁박물관, 난징박물관, 산시역사박물관과 함께 중국의 4대 박물관으로 알려져 있다. 하루 8,000명만 받아서 미리 예약을 하지 않으면 들어가기 힘들다. 아침 일찍 서둘렀음에도 불구하고 벌써 많은 사람들이 여름 더위에 줄을 서 있다. 기다리는 사람들을 위해서 천막과 지그재그 식의 펜스, 대형 선풍기 등을 설치해 놓았지만 흐르는 땀으로 사람들의 불쾌지수는 무척이나 높다. 초등학교 저학년으로 보이는 학생이 계속해서 엄마에게 야단을 맞고 있어 사람들의 눈길을 끈다. 정확히 알아들을 수는 없지만 더운 날씨에 기다리면서 박물관을 들어가기 싫다고 떼를 쓰자 엄마가 "你是中國人嗎?" 너 중국인 맞아?라고 하며 야단을 치고 있다. 그 방법을 떠나서 떼를 쓴 아들에게 박물관에 전시된 중국의 역사와 유물들을 보여주고 싶은 엄마의 모습으로 보인다. 한 시간이 지나 간신히 들어가긴 했지만 뒤로도 많은 사람들이 줄을 서 있다. 그들은 그 누구보다도 자신들의 광활한 국토와 오랜 역사를 사랑하고 자랑스러워 한다. 여행 중 이러한 모습을 종종 보게 된다.

상하이에서 고속열차로 한 시간 가까이 걸리는 호수의 도시 항저우에는 악묘(악비의 묘)가 있다. 남송(南宋) 초기의 무장이자 학자이며 서예가였던 악비(岳飛)는 중국의 대부분을 차지하고 있는 민족인 한족의 영웅이다. 악비는 북방 여진족이 건립한 금나라에 맞서 용감히 싸웠으나, 금나라와 화친을 주장하던 재상 진회의 음모로 투옥되어 비참하게 처형당한다. 훗날 진회의 모함이었음이 밝혀지자 악비는 민족적 영웅으로 추대되었고, 그때 악묘가 세워졌다. 아직도 중국의 항저우 및 일부 지역에서는 악비를 칭송하는 제를 올리는 곳들이 많다. 한족이 세웠던 명나라 때는 악비를 영웅으로 삼았지만 이민족이 세웠던 청나라 때는 또 반대의 경우가 되었다. 1894년 중국이 청일 전쟁에서 일본에게 패배한 후 악비를 숭배하는 분위기는 다시 고조되었고, 1931년 일본군에게 동북 지역을 점령당했을 때는 민족 영웅으로까지 칭송받았다. 그런데 지금은 다르다. 지금의 중국 정부는 악비를 영웅으로 받드는 것을 금기시하고 있다. 지금의 중국은 한족뿐만 아니라 만주족 등 여러 소수 민족을 포괄하고 있지만 국가 정책적으로는 하나의 중국을 표방하고 있다. 그들 중 일부는 때로 중국 중앙정부와 대립하기도 하고 독립을 외치고 있다. 그래서 중국은 한족의 영웅이지만 만주족 등 다른 소수 민족에게는 그 반대일 수 있는 인물을 국가적 영웅으로 만드는 것을 막고 있다. 현재 중화인민공화국은 한족이 다스렸던 기간뿐만 아니라 비한족의 통치 기간도 중국 역사에 포함한다는 개념에서 2002년 "악비는 외국 침략에 대항한 인물이 아니기 때문에 민족 영웅이라 할 수 없다."라고 발표했다. 이에 대해서는 아직까지도 의견이 분분하다. 그에 따라 초중고 교과서에도 이러한 내용이 슬그머니 반영이 된다.

하나의 중국과 지금의 홍콩의 사태, 그리고 대만과의 관계 등이 역사 교과서에는 어떻게 서술이 될지 시사하는 바가 크다고 하겠다.

12장

생각하는 힘을 기르는 '중국'

초등학교 졸업생 전원 논문발표회

프로젝트 정해 최소 5개월 집중 연구

전문성 큰 학부모 지도교사로 참여

교육 중시하며 질적 강대국 지향

대한민국의 학교에서는 2015 개정 교육과정의 등장과 함께 역량 중심의 교육을 실천하고 있다. 학습을 통해 지식을 얻는 것이 아니라 미래사회를 주 무대로 살아갈 학생들에게 살아가는 데 필요한 힘, 역량을 기르게 하는 것이 목적인 셈이다. 역량 중심의 교육을 위하여 교육과정 재구성을 통한 프로젝트 수업, 플립러닝, 토의토론, 하브루타, 메이커스 교육, 체험과 실천 중심의 수업 등 다양한 방법을 시행하고 있으며 이를 위해서는 결국 수업의 주인공은 학생이 되어야 한다.

세계 여러 나라에서도 역량 중심의 교육을 오래전부터 실시하고 있다. 이웃 나라인 중국과 일본도 그러하다. 중국은 중국제조 2025를 위해서

교육 부분에서도 많은 노력을 기울이고 있다. 중국제조 2025란 중국 국무원이 제조업 활성화를 목표로 발표한 산업고도화 전략을 말한다. 과거 중국의 경제 성장이 양적인 면에 치중했다면 중국제조 2025는 질적인 면에서 제조 강대국이 되고자 하는 산업고도화 전략이다. 장기적인 관점에서 인적자원을 충원하기 위해서는 그 근본이 돼야 하는 것이 교육이다.

중국의 수도 베이징 중관춘제 3 초등학교 6학년 800여 명의 학생은 졸업 전 중요한 시험을 치르게 되었다. 5개월 동안 프로젝트 학습을 한 결과물 졸업논문을 갖고 발표회 기회를 갖는 것이다. 졸업논문 주제로는 학생들의 실제 생활과 관련 있는 주제로 '초등학생이 과외를 받을 필요가 있나', '온라인 게임이 초등학생에게 미치는 영향' 등이다. 논문 주제 자체를 보면 초등학생들과 어울릴 만한 기발한 주제들이 많다. 이번 논문발표를 위해 23개 발표장을 마련하였고 각 발표장마다 4명의 지도교사를 배치하였다. 이들 지도교사는 청화대학 중문과, 북경이공대학 항공우주학원, 북경우전대학 정보통신공학원, 북경대학 공학원 등에서 왔으며 이들은 학부모이기도 하다. 학부모의 건전한 학교교육 참여를 통해 발전적인 교육기부를 이끌어 내는 것이기도 하다.

논문발표과정에서 지도교사는 학생에게 문제를 제기하고 논문과정에서 힘든 점, 어려운 점, 요점을 제시하도록 하는 등 학생이 진지하게 생각해야 대답할 수 있는 문제를 제시하고 있다. 또한 질의응답에서는 초등학생의 독특한 시각을 느낄 수 있고, 아이도 지도교수의 조언을 받아 논문의 개선점을 체득하게 된다. 학교 졸업논문 프로젝트를 담당하는 장앤칭 주임교사는 "프로젝트 학습을 할 때 조별로 실시하며, 프로젝트 주제를 정하고, 자료 수집을 하고, 논문을 찾아보고, 설문지를 작성하고,

비교 · 분석하고, 연구 · 토론하고, 졸업 논문을 끝까지 마무리하는 데 5개월의 시간이 걸린다."고 설명하였다.

몇 해 전 한국의 초등학교에서 근무할 때 4~6학년 학생들을 대상으로 학교에서 프로젝트 학습 발표회를 계획하여 실시한 적이 있다. 학원 등 방과후일정이 각자 정해져 있는 친구들이 학교 수업 후 모이기란 쉽지가 않다. 또한 모임에 자주 나오지 않는 학생들과 그렇지 않은 친구들 간에 다툼이 발생하여 학부모 민원이 들어오는 경우도 있었다. 그렇게 여러 시행착오를 거쳐 진행된 프로젝트는 가을 축제에 하루를 잡아 4~6학년 학생들 모두가 발표하는 시간을 갖는다. 학교를 졸업하고 중학교에 진학한 친구들이 와서 프로젝트 발표회를 하는 것이 짜증이 났지만 중학교에 가서 여러 모둠 학습을 하다 보니 많은 도움이 됐다고 이야기한다. 물론 다 좋을 수만은 없다. 서로 의견이 맞지 않아 다투는 과정을 거쳐 의견을 조율하게 되고 배려를 통해 학습하는 방법의 학습을 알아가는 것은 매우 중요하다. 이러한 학습은 당장 효과가 나오지 않을 수 있으며 여러 단점들이 동반한다. 절대적인 경쟁력이 되는 것은 아니지만 우리나라는 단 1개의 대학도 없는 세계 대학 랭킹 100위 안에 4개의 대학이 있는 중국의 근래 모습에서 생각하는 힘을 기르게 하는 바람직한 학습방법을 생각해본다.

13장

신 실크로드와 중국몽(中國夢)을 위한 교육 재정 확대

신 실크로드와 중국몽

교육 재정 확대

몇 년 전 신서유기라는 텔레비전 프로그램을 통해 한국 관광객들에게 많이 소개된 서안! 서유기에 등장하는 삼장법사가 천축(天竺, 인도)에 들어갔다가 불교의 경전을 가지고 돌아와 번역을 했던 도시. 중국의 시안(西安)은 옛 이름 장안(長安)으로 불렸던 중국 문명의 발상지이며 '도시 전체가 지하 박물관'이라 할 정도로 유물과 유적이 많이 남아있는 곳이다. 시안은 이탈리아 로마, 이집트 카이로, 그리스 아테네와 함께 '세계 4대 고도'로 꼽힌다. 특히 중국에서는 여러 나라의 수도였던 곳으로 '중국의 100년을 알고 싶다면 상하이로, 중국의 500년을 알고 싶다면 베이징으로, 중국의 3000년을 알고 싶으면 시안으로 가라!'라는 말이 있다. 병마용, 진시황릉 등의 유적지로 유명한 이 도시에는 곳곳에서 유물과 유적이 발견되고 있으며 시안 시내 중심가 종루에는 각종 명품 매장이 있는 백화점들이 있어 항상 관광객들로 붐빈다. 과거와 현재를 아우르는 도시 시안은 특히 당나라 때 실크로드의 시작점으로 황금기를 구가하면서 인구가 100만 명에 달하는 국제적인 도시였다. 시안에도 여러 개의 박물관이 있는데 당나라 시대 실크로드를 통해서 국제도시 장안으로 들어왔던 여러 민족들의 모습을 표현한 그림과 조각들이 전시되어 있다. 또한 중국의 여러 민족 중 하나인 회교를 믿는 민족들이 장안으로 들어와 형성된 회족거리 등 지금도 그 시대의 흔적들이 곳곳에 남아 있다.

중국은 지형의 특성상 서쪽에는 높은 산지가 많고 동쪽 위주로 평야가 많아 과거로부터 현재까지 역사적으로 발전한 곳은 동쪽에 있는 도시들이 대부분이었다. 근래 중국은 경제개발을 핵심과제로 지정하고 육상과 해상의 실크로드를 결합하여 중국내 지역경제 발전 및 인근 여러 나라들과의 경제 연합을 꾀하고 있다. 과거 서역과 중국의 무역로였던 '실크로드'와 명나라 정화의 해상 원정길의 영광을 재현한다는 의미에서 이것을 '신 실크로드'라고 한다.

중국제조 2025뿐 아니라 신 실크로드 정책의 기반을 위해서는 무엇보다 중요한 것이 교육이다. 중국의 부흥, 중국몽[中國夢]을 위해 국가 주도적으로 광범위하게 교육에 지원하고 있으며 중국 학부모들 또한 교육열이 뜨겁기로 유명하다. 이러한 국가정책을 지원하기 위해 중국에서는 교육재정을 지속적으로 확대하고 있으며, 교사진 양성에도 힘쓰고 있다. 중국의 교육예산은 GDP 대비 7년 연속 4%대를 유지하고 있으며, 이 가운데 교원 급여복지 지출이 교육예산에서 차지하는 비율은 수년째 50%를 넘는다. 교원 급여는 1980년대까지 국민경제 각 업종에서 하위 3위를 차지했으나, 현재는 전국 19대 업종에서 7위로 올라서고 있다. 교사의 자질 향상을 위하여 2013~2019년까지 누적 135억 위안(한화 약 2조 2,693억 5,000만 원)을 국가 연수프로그램으로 지원하고 있으며, 지역 발전을 균등하게 하기 위한 중서부 지역의 시골 교사 교육 강화 지원 등에 사용하고 있다. 무엇보다 열악한 지역에 교사 배치를 최적화하고 농촌 교사진 양성에 우선 지원하고 있다. 뤄젠핑 재무부 과학문화국 부국장에 따르면, 중앙재정은 특별근무교사에게 급여형태로 보조금을 지급할 계획이라고 하였다. 2018년 7월 1일부터 특별근무교사 급여 형태의 보조금 기준이 서부지역 연간 3만 8,200위안(한화 약 630만 원), 중부지역 3만 5,200위안(한화 약 580만 원)으로 높아지고 있다. 특근교사 사업은 2019년 10만 명 규모로 확대되었으며, 2013~2019년 동안 중앙재정 누적 430억 위안(7조 2,252억 9,000만 원)이 투입되고 있다. 신실크로드와 중국몽을 위해 근본을 교육으로 생각하는 중국! 교육이 우선이다!

에필로그

중국이라는 나라에 와서 산 지 어느덧 1년이 다 되어간다. 거리를 거닐 때 보이는 오성홍기나 중국어 간판들이 아직까지도 낯설다. 이곳에 언제까지 있을지는 모르겠지만 내가 선택한 삶이기에 최대한 많은 경험을 해보고 싶은 바램이다. 그리고 이러한 경험들이 우리가 살아가는데 특히 아들 예찬이의 삶에 좋은 자양분이 되길 바라는 마음이다. 재중 한국국제학교 교사로 지내면서 시간을 내어 가족여행을 자주 다니기란 생각보다 쉽지가 않았다. 주말엔 한글학교로 잡혀 있는 시간이 대부분이라 한 달에 한번 꼴로 있는 중국의 연휴를 이용하여 여행을 다니게 되었다.

여행을 위해 계획을 세우고 준비를 하는 과정은 생각만 해도 즐겁다. 하지만 여행의 모든 과정이 즐겁지만은 않다. 한 번의 여행에도 우리가 살아가는 희노애락이 담겨 있다. 밤새 준비하고 싸놓은 캐리어를 가지고 공항으로 출발할 때의 설레임, 성수기 비싸게 예약한 리조트에 벌레까지 등장하여 밤새 화가 나는 상황, 즐겁게 간 여행지에서 가족 밤새 아픈 일들, 어쩔 수 없이 들어간 허름한 식당에서 뜻밖의 맛있는 음식에 가족들과 행복한 웃음을 지으며 포만감을 느낀 때... 무엇보다 여행은 우리가 돈을 들여 선택한 경험이기에 희와 락의 경우만 있다면 좋겠지만 노와 애의 스트레스 상황까지 생겨 인생 정답이 없다는 말이 맞는 것만 같다. 하지만 스트레스를 받아도 여독으로 힘들게 돌아와 우리 집이 제일 좋다는 이야기를 해도 여행은 그 자체로 좋다.

언제부터인가 제주도 한 달 살기처럼 여행지의 민박이나 airb&b에서 꽤 오랜 기간을 사는 것이 유행이다. 한 달 살기까지는 아니지만 제주도에서 10일 가까이를 지내 보았다. 너무 짧아 그런지 하루하루가 행복하고 특별하고 떠날 때에는 아쉽기까지 하였다. 여행 장소에서 느끼는 일상은 어떨까? 우리가 살아가는 공간처럼 익숙해지고 무뎌지게 될까?

일상을 여행처럼 지내는 경험을 하고 있다. 더 나아가 공간의 확장을 통하여 새로운 문화들을 경험하고 있다. 여행을 가기 전, 여행을 하는 중에 가족들과 신경전을 벌였던 경우도 꽤 있었다. 하지만 낯선 곳에서 어려운 일들에 직면하다 보면 가족애가 뭉클 올라온다. 아직도 톈진서역 플랫폼에서의 기억들은 잊혀지지가 않는다.

올해 가졌던 이 경험들에 더 많은 경험들을 덧붙이고자 하는 계획을 세워 본다. 시안을 통해 뤄양, 타이위안, 핑야오 고성, 카이펑 등 여러 나라의 고도들을 돌아보는 여행, 그리고 시안을 통해 란저우, 시닝, 돈황까지 실크로드의 일부분을 경험하는 여행 덧붙여 베트남과 인접한 난닝, 그리고 아름다운 구이린(계림)의 자연들, 쿤밍, 따리 등의 윈난성의 자연과 함께하는 여정들... 광저우, 선전을 지나 샤먼까지 지금도 중국 지도 곳곳을 보면 설레이는 마음과 함께 더 많은 곳을 가보고 싶은 욕심이 생긴다. 왜 한국에 있을 때 중국 여행에 대한 생각을 못했을까? 하는 아쉬움과 더불어 대륙을 여행하면서 드는 이 감동과 감흥을 여러 사람들에게 전달하고 싶다. 덧붙이고자 하는 새로운 경험들이 새로운 지면을 통해 조금 더 원숙하고 완전해지길 조심스럽게 바래본다. 우리 가족들 모두 우리의 이 소중한 경험들을 오래오래 잊지 말고 기억하길 바래본다.

참고문헌

고승희, 노근태(2018). 인조이 중국. 넥서스 BOOKS.

구난희 외(2019). 초등역사수업 디자인하기. 교육과학사.

김영하(2019). 여행의 이유. 문학동네.

김용옥(2015). 도올의 중국 일기. 통나무.

김태만, 김창경, 박노종, 안승웅(2018). 쉽게 이해하는 중국문화. 다락원.

노훈준 외(2016). 초등사회과수업 디자인하기. 교육과학사.

마이클 샌델, 폴 담브로시오(2018). 마이클 샌델, 중국을 만나다. 와이베리.

만프레트 마이(2019). 세계사 최대한 쉽게 설명해 드립니다. 이화북스.

설민석(2019). 설민석의 삼국지. 세계사.

송기헌(2008). 가자 실크로드 배낭여행. 일진사.

우야마 다쿠에이(2016). 너무 재밌어서 잠 못 드는 세계사. 생각의 길.

유홍준(2019). 나의 문화유산답사기 중국편. 창비.

이욱연(2016). 이만큼 가까운 중국 시리즈. 창비.

이원복(2018). 먼나라 이웃나라. 중국. 김영사.

이형준(2011). 교과서에 나오는 유네스코 세계문화유산. 시공주니어.

전국역사교사모임(2018). 나의 첫 세계사 여행 : 중국 일본. 휴먼어린이.

정보상(2014). 베스트 중국여행 : 중국에서 꼭 가봐야 할 추천 여행지 100곳. 상상출판.

조너선 펜비(2014). 장제스 평전. 민음사.

조종수(2019). 중국 배낭여행. 렛츠북.

중국을 읽어주는 중국어교사 모임(2016). 지금은 중국을 읽을 시간. 세그루.

추정남(2012). 좋은 중국 나쁜 중국. 북오션.

하버드대학 중국연구소(2018). 하버드대학 중국 특강. 미래의 창.

홍순도(2018). 베이징 특파원 중국 문화를 말하다. 서교출판사.

EBS(2016). 세계 테마기행 중국 문화기행. EBS.

KBS(2015). 슈퍼차이나 KBS 특별기획 다큐멘터리. 가나출판사.

KBS(2016). 명견만리: 윤리, 기술, 중국, 교육 편. 인플루엔셜.

네이버 블로그. CHINA LAB. 내손에 펼쳐진 중국.

네이버 블로그. 쫑이월드. 상하이 여행.

네이버 블로그. chengcheng. 중국생활 및 여행.

네이버 블로그. DEBBIE의 눈으로 보는 세상. 여행창고.

네이버 블로그. Far quod vis. 중국에서 살아남기.

네이버 블로그. 길벗의 앤. 중국생활정보.

네이버 블로그. 파랑새. 중국 근현대사.

네이버 블로그. 우기부기. 중국.

네이버 블로그. 슨디. 지구는 둥그니까 중국.

네이버 블로그. INHWAN. 골때리는 중국 못말리는 중국인.

네이버 블로그. SOO. 중국생활 중국여행.

네이버 블로그. 하이텍. 여행보고서.

지은이 소개

| 김 현 진

인천광역시교육청 관내 구도심, 도서지역, 신도시, 연구학교, 교생실습학교 등에서 20년을 근무하며 교무, 연구, 실습 등 보직교사로 근무한 초등학교 교사이다. 학생의 삶과 배우는 내용을 연결 짓는 과정을 소중히 여기고 있으며 그 밖에도 교사로서 관심을 갖고 있는 분야는 초등교육과정, 사회과교육, 민주시민교육, 역사교육, 인성교육, 창의융합교육 등이다. 교육부 단위의 창의인성교육 수업모델 개발위원, 교육과정 성취기준 수준 적합성 검토위원, 전국 교육과정 핵심교원, 서술형 평가문항 핵심교원으로 활동하였으며 한국교육개발원 교육정책 자문위원, 한국교육학술정보원(KERIS) 에듀넷 교사지원단, 사이버가정학습 진단처방시스템 평가문항 개발위원, 한국과학창의재단 STEAM 교육 자료 개발 연구원, 한국교원단체총연합회 한국교육정책연구소 교과전문 연구위원, 역사교육연구소 연구원을 역임하였다. 인천광역시교육청 초등교육과정 편성 운영지침 개발위원, 교육과정 심의위원, 교과서연구회 자문위원, 진로교육 지원단, 학업성취도 문항 개발위원, 세계시민선도교사, 특별연구교사 등으로 활동하였다. 비상교육, 티처빌원격연수원, 한국교원캠퍼스에서 창의융합교육자료 등을 개발하였으며 초등사회교과연구회, 초등역사교육연구회를 운영하고 있다. 등재학술지에 지속가능발전교육 등에 관한 학술논문을 집필하였고, 『사회과 창의인성교육의 설계와 실제』, 『창의인성교육을 위한 교과별 수업 설계하기』, 『다양성과 차이를 존중하는 다문화교육의 이해와 실제』, 『초등 역사수업 디자인하기』, 『초등사회과수업 디자인하기』,

『인성중심 배움수업 이야기』, 『교과서로 만나는 역사체험 이야기』 등을 집필하였다. 현재는 재외한국학교에 대한 관심으로 중국대련한국국제학교 교사로 근무하고 있으며 동반 휴직한 아내와 사랑하는 아들 예찬이와 중국 대륙 곳곳을 기행하며 문화체험하고 있는 중이다.

해외한국학교

초등교사가 만나는

중국 역사 문화 이야기

2020년 4월 20일 1판 1쇄 인쇄
2020년 4월 25일 1판 1쇄 발행

지은이 : 김 현 진
펴낸이 : 한 정 주
펴낸곳 : 교육과학사

경기도 파주시 광인사길 71
전화(031)955-6956~8/팩스(031)955-6037
Home-page : www.kyoyookbook.co.kr
E-mail : kyoyook@chol.com
등록 : 1970년 5월 18일 제2-73호

낙장 · 파본은 교환해 드립니다.
Printed in Korea.
지은이와의 협의하에 인지를 생략합니다.

정가 12,000원
ISBN 978-89-254-1483-6